石原博光 Ishihara Hiromitsu

頼れる!海外資産

アメリカ戸建て投資のはじめ方

技術評論社

まえがき

皆さん、こんにちは。石原博光です。

アメリカの永住権を取得して、2014年に、僕、妻、息子の家族3人は、カリフォルニア州のベーカーズフィールドというロスの郊外に移り住みました。**もともとは自宅を担保にしてすべて借金で始めた日本でのアパート経営でしたが、およそ10年でアメリカ移住という夢を実現することができました。**

ベーカーズフィールドについて簡単にご紹介すると、人口は約38万人います。これは東京の品川区や埼玉の川越市と同じですが、広大な土地が広がっているさまは印象が360度違います。市の中心となるダウンタウンの一番背の高いビルでも10階建てで、どこまでも低くゆったりとした建物が続いています。とくにオイルの街として有名で、街はずれに行くと石油を掘削する機械が無数に林立しています。ロスの空港からは車で2時間ほどで、海からは遠く、夏は気温45度にも達しますが、乾燥していて比較的過ごしやすいと思います。伸びやかな子育て環境と、何よりも不動産物件が手ごろで競合が少ない土地柄を気に入っています。

暮らしぶりは、自宅の書斎が仕事場で会社には通っていません。スポーツクラブとプール掃除、それに子どもとの散歩が日課です。週末はBBQパーティを開いたりお呼ばれしたり、それからトレッキングコースが無数にあるので、よく出かけています。毎月のように日本から来客があり、日本を懐かしむ暇がないことは嬉しい誤算でした。ネットのおかげで、日本にある会社やアパートの運営にも困ることがありません。素晴らしい時代に生まれたことに感謝しています。

この本で僕のことをはじめて知る人も多いと思いますので、これまでの活動について少し触れておきます。1年10カ月在籍した商社を飛び出して、資金ナシ・コネナシのまったくのゼロから起業したのは1997年で、26歳のときでした。輸入化粧品や雑貨を扱う会社です。途中でプロテインメーカーを始めたり、居酒屋を経営したりといろいろやりました。そして、**2004年から不動産投資に目覚めて、そのおかげでいまの僕があります。**その手法は地方高利回り投資術として書籍を中心に著してきましたが、**粗利率60%をコンスタントにたたき出す仕組みは、これまで経験したどの分野よりも優れている**と信じています。日本の不動産は購入と売却を重ねて、現在は43世帯を運営中です。

アメリカには現在6つの物件を保有しています。ワシントン州シアトル市に商業物件が一つ、カリフォルニア州ベーカーズフィールド市に戸建てが5つです。執筆を開始した時点では戸建て4軒でしたので、本文中では商業物件1＋戸建て4の設定のままとしましたが、先日、念願のプール付き物件を自宅用として購入しました。

皆さんにお伝えしたいことは山ほどあります。

現地に住んでみて、実際に手に触れてみて、身も心もどっぷりつかったからこそ知り得た、**アメリカ不動産の実態と魅力**についてです。本書では、日本とアメリカの常識の違いに翻弄されつつ、洗礼と苦難を乗り越えてようやくたどり着いた、**将来の〝頼れる資産〟となる芽の見つけ方、育て方**を体系だてて説明しています。僕自身もはじめてのことばかりで、大いに戸惑い悩み、手探りで進んできましたが、そのプロセスはきっと皆さんのお役に立つはずと、信念を持って一つひとつ丁寧にまとめました。

アメリカは先進国にあって、一定の経済成長が認められ、人口も拡大を続けています。世界の基軸通貨ドルで行う資産形成に僕はワクワクが止まりませんでした。「NYがクシャミをすれば東京が風邪をひく」といわれるほど、世界はリンクしています。日本一国だけに集中投資して築く資産もありますが、ますます世界が近くなっていくすぐ先にある将来に向けてバランスよく資産を育む方法があるとすれば、それは検討する価値があると思います。

これからはじめて海外投資を志す方の薄暗い足下をしっかりと照らせるように、わかりやすさを心がけました。そして、不動産投資や海外投資ですでに実績がある方にとっても、はじめて知る内容が少なくないはずとひそかに自負しています。

いままでにない展開にどうぞご期待ください。

第1章 ニッポンの大家、新天地を目指す

第3章　海外資産をつくる13のステップ

第4章 海外サイトの見方&目の付けどころ

第5章 物件を見立てるポイント&リモデル

第6章 海外に物件を持ったときの確定申告、税金、減価償却

第1章

ニッポンの大家、新天地を目指す

円高の嵐のなか、日本の不動産をドルに替えていった

渡米前、僕の日本での状況は、２０１１年の時点で7棟72部屋を所有していました。２０１２年の夏に3棟を売却。物件を売却したのは、アメリカに行く資金づくりのためです。

円高が進んでいたことも背景にありました。あのころは1ドル＝80円、78円とつけていました。そのタイミングでお金を円からドルに替えていますが、その当時は「1ドル＝60円までいくだろう！」と声高に叫ばれていたときです。

振り返ってみれば、あの時点が最高の円高で、これから円安になるとは僕を含めて誰も予想できていなかったと思います。**円をドルに替えていたのは、「まだまだ円高になるぞ！」と騒がれていたときですが、「頭と尻尾はくれてやれ」で割り切りました。**

その当時は家賃収入が年間で５０００万円ほどありました。7棟すべてに借入があったわけではありません。売却した物件のうち、千葉県旭市のアパートは2棟一括で売却したのですが、これはすでに返済が終わっていました。そして売却したもう一つの物件も融資の期間が短く、もうほとんど先が見えているような状態でした。

借入がまるまる残っていたときでも、返済比率は4割くらいです。4割を返済に回して、4割が自分のキャッシュフロー、残りの2割を諸経費にかけているイメージで、バランス的には4：4：2でした。5000万円の4割ですから、キャッシュフローは2000万円程度です。リフォームの多い年・少ない年でバラつきはありますが、本業の分も合わせて、毎月200万円ほど使えるお金が入っていました。その状態から、およそ年間賃料1200万円に相当する3物件を売却して、移住のための準備を進めました。

国内からも海外からもお金が流れ込んだ不動産界隈

当時の状況を簡単に振り返っておきたいと思います。

2012年12月、民主党から自民党への政権交代によって一気に流れが変わりました。為替は急激に円安ドル高へと舵を切り始めて、日経平均株価も目に見えて上がっていきます。それまで身を潜めていた個人投資家たちも息を吹き返した状態になりました。世のなかが明るくなり、消費もある程度は促されるような流れが出てきて、不動産投資に目を向ける方が増えていきました。それと並行する形で、日本政策金融公庫からもお金を引き出しやすくなりました。**国の後押しで不動産にお金を流すという意図**も当然あったのだと思います。

また、円安が海外の投資家を呼び込んで、**インバウンド投資、つまり外国人が日本でお金を**

使う投資が増えていきました。

中国では土地を所有することができません。彼らにとっては、自国で行う借地権の投資より、日本で不動産の所有権を持つことに大きな魅力があります。

なんといっても日本はインフラが整備されています。彼らにしてみれば日本の常識こそが驚異です。僕らにとっては水道の蛇口をひねって水が飲めることなど常識ですが、彼らにとってはそれすら魔法のインフラです。飲み水がいつでも手に入ることは、日常的に飲料水を購入することを思えば、水道代がかかってもはるかにリーズナブルです。電車にしても道路にしても、交通網の整備が行き届いて政治も安定している国。投資する理由はたくさんあります。

世界的な大都市と比べると、**東京の不動産価格はまだまだ安いとみなされています。**たとえば僕が上海を訪れたときは、現地のペントハウスが3~5億円という価格帯でした。いまはもっと上がっているのかもしれません。日本であれば東京23区内でも、5000万円も出せば、そこそこいい分譲マンションが買えます。彼らにとっては、日本は本当にお値打ちにしか見えないそうです。

そして、東京でもまだ成熟していないものがあります。世界の富裕層が狙うような、1部屋が20億円、30億円クラスの超豪華なペントハウスが、まだ東京にはないといわれています。そういった物件に目を付ける超富裕層にいわせると、「東京は安すぎる！」ということになるのだそうです。

また、日本の金利の低さは特筆ものです。アメリカでは住宅ローンで3・25％くらいの金利です。「クレジットヒストリー」という、個人の信用履歴から判断される与信がいいスコアを出していたとしても、それくらいの数字です。30年間固定金利で融資を受けられますが、普通の人なら4％前後です。それでも以前よりは低くなったそうです。住宅ローンでそれですから、投資用の物件のローンだとさらに金利が高くなります。一方で日本だと、フラット35をはじめ住宅ローンの金利が1％を切っているのは皆さんご存じのとおりです。

こういった有利な融資の条件や、不動産市況を後押しするインバウンド投資の流れもあり、日本国内では物件価格がつり上がり、急激に利回りが低下しています。不動産に興味があっても、個人投資家がおいそれとは手が出しにくい状況が形成されるようになりました。

アメリカはインフレが当たり前の国

少子高齢社会の日本。世帯数はまだ増加していますが、人口は反転して人口減に入っています。世帯数については、反転する地点があと数年後に来るともいわれています。需要よりも供給が上回っている状態で、さらに人口が減っていくことは、当然モノの価値を下げる大きな要因になります。逆にインフレを呼び起こすには、人口が増えていくことが一つの条件として必要だと思います。移民政策の話も出ていますが、これまで移民を積極的に受け入れていたヨーロッパで混乱が噴出しているのを目の当たりにするようになったこともあって、日本での移民政策はまったく先が見通せません。

さて、僕が米ドルに興味を示したきっかけは、「このまま資産を円だけで確保しているのは不安」というネガティブな気持ちからだけではありません。世界の基軸通貨で、国際取引の約43％（2016年3月・SWIFT公表値）を占めているドルで資産を築くことに対して、**「ぜひ自分も参加したい、一番信用力のある国際通貨の源泉を所有したい」**というポジティブな意味合いもありました。また、円とドルは相対通貨――一方が減れば、その分だけ一方の価値が増えるペアの関係――ですから、逆の動きによってリスクヘッジができます。

僕は世界中を飛び回りたいという夢を持っているのですが、将来、もし円の価値が対外的に下落したときに日本円だけを持っていたら、夢を実現するための手段が削がれてしまいます。ドルを持てば円とは逆の動きをするわけですから、大きな意味でリスクヘッジになってくれます。そういった点にとても魅力を感じました。

あらゆるモノが値上がりしても、消費意欲は衰えない

もう一つ、大きな魅力となったのが、**アメリカはインフレの国**ということです。インフレ率を表す代表的な指標に、ＣＰＩ（消費者物価指数）があります。過去何十年というスパンで見ても、やはりアメリカという国はモノの価値がどんどん上がっていることが一目で確認できます。

アメリカのCPI（消費者物価指数）

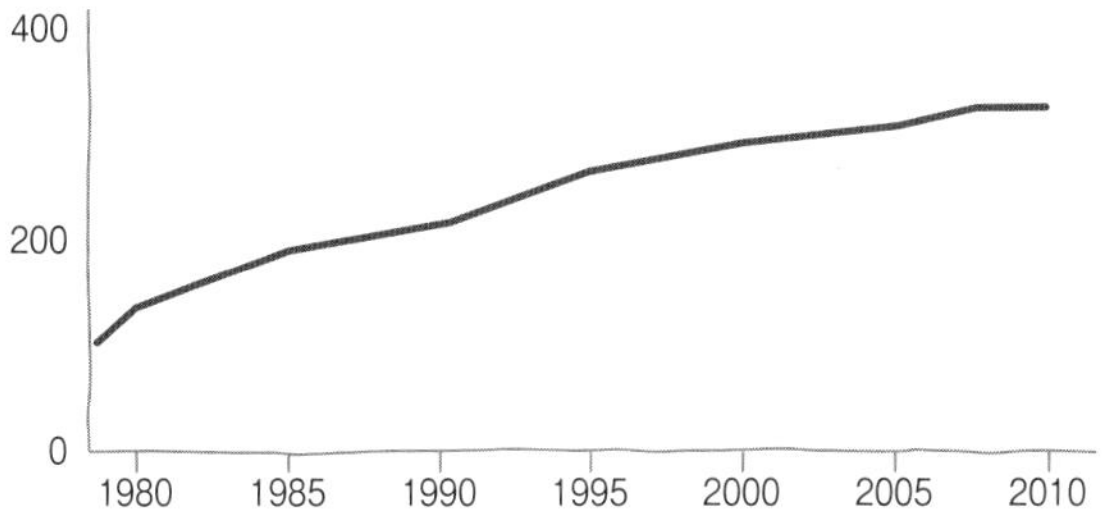

1978年の値を100とした場合
出所:アメリカ労働統計局

　卑近な例になりますが、僕がアメリカに留学していた１９９０年代はポテトチップスが１ドルもしないで買えました。日本でも人気のオレオクッキーも安かったし、ボリュームも十分すぎるくらいでした。中華レストランのランチプレートだと、３ドルくらいでお腹いっぱい食べられた記憶があります。

　ですが、いまでは同じサイズのポテトチップス１袋が５ドル近くします。円で払うとすれば５００円以上出すことになるわけですから、けっこうなものです。

　アメリカに移住した当初は「高いなぁ」と不満でしたが、いまではフツーに買っています。日本であれば５００円のお菓子を食べるにはちょっと勇気がいりますが、アメリカでは自然なことです。こちらに移住してからの生活実感からいっても、アメリカでは確実に物価が上がっています。そして、**それでも消費意欲が旺盛なのがアメリカという国の特徴**でもあります。

もう少し日米の物価の違いについていうと、たとえば日本の自動車保険は、等級制度に基づいて無事故であればどんどん安くなっていきますが、アメリカだと物価上昇率に基づき計算されているため、たとえ無事故であっても毎年のように保険料は値上がっていきます。それが当たり前なのです。

値上がっていくのは家の保険も同じです。「使ってもいない保険の料金まで、どうして上がるんですか？」と聞いてみたところ、「調達価格が上がるのが当たり前だから、それが常識なんですよ」と返されました。

同じく、**当然のように家賃も上がっていくのがアメリカ流**です。僕が住むベーカーズフィールド市では、30日の猶予期間があれば更新時に家賃の値上げが可能です。ただし、12カ月以内に10％以上アップさせる場合は、60日前までに入居者に告知する決まりがあります。

アメリカでは、1960年から平均給与上昇率が毎年6・3％(http://www.tradingeconomics.com/)にものぼります。物価が上がっていくのがトレンドですから、家賃が上がることに対しても、それほど強い拒否反応は出ないようです。

アメリカのCPIと住宅価格

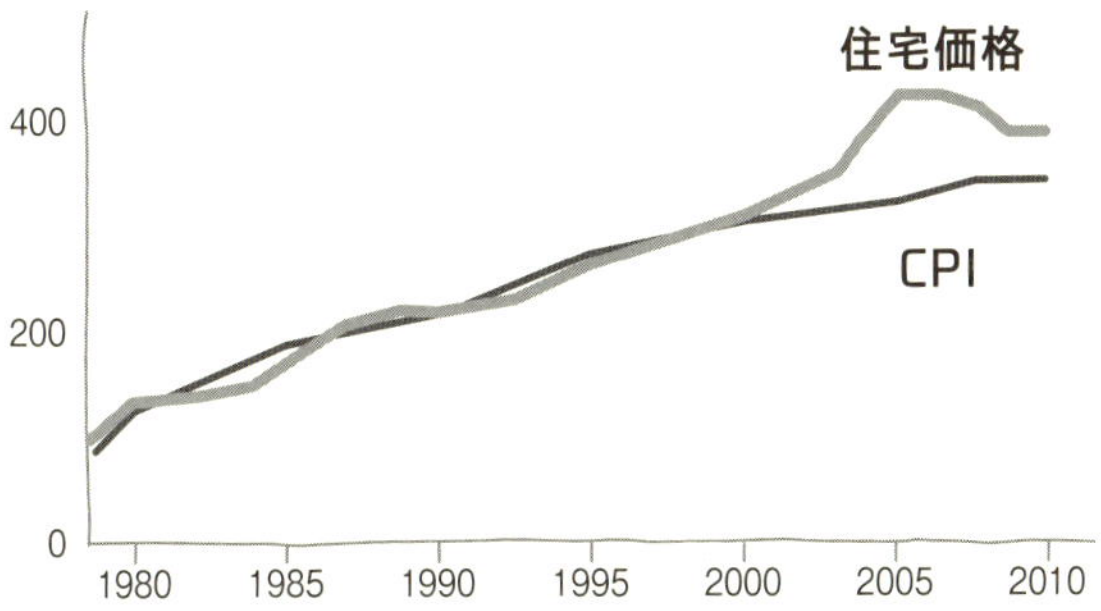

1978年の値を100とした場合
出所:アメリカ労働統計局

4年足らずで、12万5000ドルの戸建てが17万5000ドルへ

先ほど、アメリカのCPI（消費者物価指数）のグラフを取り上げました。そこに、住宅価格のグラフを重ね合わせたのが上図です。アメリカは過去30年間で見ると、CPIの上昇率が200%を超えています。そして、**不動産はその上昇率を上回っている**のです。

具体的にいえば、ロサンゼルスの不動産価格は年に5%は上がっているとリアルター（現地の不動産仲介人）から聞きました。僕の住んでいるベーカーズフィールド、こちらもカリフォルニア州の一部ですが、家の値段はここ3年間で毎年10%ずつ上がっています。

ちなみに、僕が2012年12月に12万5000

ドルで購入した戸建ては、現在価値が17万5000ドルまで上がっています。価格を調べるたびにアップしているような状況です。

何をもって上がっているのかといえば、「Zillow」（ジロウ）という、巨大な不動産売買ポータルサイトの情報をもとにしています。物件の住所を打ち込むと、「現在売ったらいくらか？」という予測値が、Zillowのさまざまなデータから割り出されて示されます（Zillowの使い方は第4章で詳しくご説明します）。

僕はこれを指標の一つとして、価格推移のトレンドを見ています。不動産の売買は実際には相対《あいたい》取引ですから、あくまで予測値で正確なところはわかりませんが、それでも近隣の取引事例からかなり近い数字が出てきます。

ここで、「アメリカではすべての物件価格がそれほど上がってしまっているのなら、もうこの本を読んでもチャンスがないのでは？」と思われた方もいると思います。

どうぞご安心ください。すべての物件が上がっているわけではありません。実は、**アメリカでも手の加えられていない物件は安いまま**なのです。手が加えられていないとは、外壁の補修が必要であったり、窓ガラスが割れていたり、庭が荒れ放題だったり、キッチンが壊れていたりと、「いますぐには住めない」というレベルです。

ベーカーズフィールドでいえば、投資家として活動するプレイヤーが少ないこともあって、**少し手を加えれば簡単に再生できる物件が、そのままの安い値段で捨て置かれています。**本書はベーカーズフィールドを中心に解説していますが、似たような市場であれば、いま流行りのラスベガスやフェニックスにもチャンスがありますし、またサクラメントというカリフォルニアの州都があるエリアも、お手ごろ価格の物件がたくさん残っているとリアルターから聞いています。

オイルのダメージを受けても中価格帯の家は底堅い

世界的な原油需要の後退から、日本でもガソリン価格が急落して、2016年にはレギュラー1リットルが100円を切ったことがありました。アメリカはオイル産業に由来している地域が多く（テキサスはその最たる地域）、オイル価格が下がったことによりオイル産業従事者の解雇が、もう何万人単位で起きています。

オイル価格の最も代表的な指標は、ニューヨークのマーカンタイル証券取引所に上場されているWTI（West Texas Intermediate）先物です。2014年の7月ごろまでは、1バレル（約160リットル弱）で100ドル以上をつけていました。それが2016年2月には、26ドルの安値をつけています。執筆時点では少し戻して、40～50ドルの間にあります。

オイルは、わずか2年足らずで半値以下になってしまったわけですから、やはり大きな影響があります。オイルで潤うはずだった方々は、「オイルに触っていれさえすればお金持ちになれる」というアメリカのセオリーめいたものを信じていました。しかしオイルのエンジニアとして就職して、お金持ちを目指していた方々が解雇の憂き目にあっています。経済への影響は無視できません。

それを踏まえてベーカーズフィールドについていうと、家の価格が過去3年間で10％ずつ上がっていますが、現在は家の価格の動き方が二極化しています。

この街では高価格帯に属する30万ドル以上の物件の値動きがとてもゆっくりになっており、一部では下がっています。しかし**20万ドル以下、とくに12万5０００ドルから15万ドルの価格帯は、リアルターが「黄金のスイートスポット」などと呼んでいますが、本当に手堅く、オイル下落のダメージを受けている状況でも値上がっています。**

高価格帯は景気に左右されやすく、一方で20万ドル以下は景気の浮き沈みの影響をあまり受けない手ごろな価格帯ということです。リストラにあっても家には住まなければなりませんから、借りてでも住みます。購入派・賃貸派の両者において実需をともなった価格帯が、まさにこのポイントです。逆に景気がよくなれば人が増えるので、そのための家が必要になります。リアルターに聞いたところ、景気がいいときには、「アパートよりも一戸建てに住みたい」という需要がとくに増えていくそうです。

人口や人のライフスタイルには手を出せない

先ほど日本の人口について一言述べましたが、アメリカへの投資を考えるにあたって、日本の人口は参考情報の一つになりました。ここでも、もう少し触れておきたいと思います。

「2025年問題」という言葉があります。団塊の世代が2025年ごろまでに75歳以上の後期高齢者に達し、介護や医療など社会保障費の急増が懸念されていることを指します。

現役世代に当たる生産年齢人口は、15歳から64歳までの人口層のことをいいます。この生産年齢人口が、65歳以上の高齢者1人を何人で支えるのか。これまで社会保障費の負担は、「胴上げ型」といって、生産年齢人口5～10人が1人の高齢者をサポートしてきました。現在は「騎馬戦型」で、生産年齢人口2～3人で高齢者1人を支えている状態です。これがゆくゆくは「肩車型」になるといわれ、1人で1人を支えなければいけない社会が現実になりつつあります。

2025年問題と、この肩車型になってしまう「2050年問題」の到来時期は一致しませんが、大きな方向性としては、いまそこに向かいつつあるということです。

国立社会保障・人口問題研究所の資料によると、現在、日本の人口は1億2000万人以上ですが、これが２０５０年の肩車型になるころには、1億59万人にまで減少すると予想されています。

雇用の不安定化も深刻です。非正規労働者の増大と並行する形での若者の購買意欲の減少は、もう何年もいわれ続けています。「車を買わなくなった」「ブランドものはもう買わない」。必要かつ最低限のモノだけしか買い求めない、モノに対しての見栄も欲もなくなった世代はこれからも増えていくのでしょう。

「消費をしない」傾向は、経済成長という観点からすれば悪影響しかないと思いますが、個人の生き方として見れば、見栄を張らず、無理な消費をせず、少ない収入でも手堅く生きていくということですから、確実に時代に合った生き方で、否定のしようがないと思います。

このようにマクロの視点から見ると暗いお話になりがちなのですが、ここ1～2年の外国人観光客によるインバウンド消費の増大は、よいニュースの一つです。

それを当て込み、不動産投資の一環として民泊に参入する方が増えているのはご存じのとおりです。しかし、ここ最近では民泊を利用する外国人旅行客に比べて、部屋を供給するホストが増えすぎてしまい、供給過剰になっているという話も聞きます。法令の整備が追いついていないこともあって、オーナーに無断での転貸や分譲マンションでの管理規約違反の問題により人気のある部屋が行政指導によってクローズされてしまうケースも多くあり、部屋さえあれば容易に稼げる時期は過ぎ去っています。

インバウンド消費を国がどこまで牽引して成長させられるのかが焦点になりそうですが、**結局は為替に大きく左右される**ようにも思います。**為替の流れが変われば、海外からの観光客の流れも変わる**はずです。そういった点からも、長期的視野で考えるとやはり民泊というのは不確かです。

つまるところ、人口が増加すれば必然的に消費も増えますし、さらに世界中から訪日客を呼び込めれば理想的です。そんな世のなかを切望しますが、一方で一投資家の投資行動としては有利な主戦場を選ぶことも大切だと考えます。海外を投資先の候補に加えることで、その選択肢は広がるはずです。

アメリカでゼロから資産を築くことを決意させた原体験

僕は学生時代をアメリカで過ごしています。そのときに感じた自由闊達な風土がとても気に入りました。また、生活拠点を国外に移し、家族に広い世界を見せたいという夢もかねてからありました。

これまでやってきた日本での不動産賃貸業のおかげで、「実現できるかもしれない」というところまで来ることができました。

僕は自分自身に対してものすごく貪欲で、「人生をもっと濃密に過ごしたい」という欲求に正直です。自分の心にまっすぐであり続けたいという思いが常にあります。

わが子の教育のためという理由もありました。子どもをバイリンガルにしたい、国際人になってほしいというのが僕の希望の一つです。とはいえ、いざアメリカで生活してみると、子どもをバイリンガルにしたい親御さんは、皆さん子どもの日本語を維持させることにとても苦労されています。日本語を話せるだけでなく、漢字も読めて書けてこそのバイリンガルというわけです。

在外生活が長くなると日本に帰りたい気持ちが募るという話をよく聞きます。「老後を安心して暮らしたいなら、やっぱり日本に戻るべき」といわれたこともありますが、やがてくる老後のためだけに、この瞬間の挑戦をあきらめて、自分の心に我慢を強いる必要はないと思うのです。ある年齢に達したときの気持ちに応じて、身の振り方はそのときに考えればいいのかなと僕自身は思っています。

かつて留学を決めたときも、アメリカから帰国して就職した商社を1年10カ月で辞めて起業したときも、新しいことをするときには決まってまわりの人からの反対がありました。

高校卒業を目前に控えていたころ、まわりは就職するか進学するかいずれかの進路を選んでいました。99％の同級生が日本にいるのを見て、自分は何かに挑戦したい気持ちが自然にわき出て、その気持ちがアメリカへの留学に向かわせました。**反対されればされるほどに、「よ～し、やってやろうじゃないか」と奮起してしまうタチ**なのです。

生活費の安さに目を付けて、ニューオーリンズという日本人がほとんどいないところに行きました。直行便がないためロスから乗り換えたのですが、事前に乗り換えの手配をしていたにもかかわらず、空港のカウンターに立ち寄ると、旅行代理店の手違いで乗り継ぎの手配ができていませんでした。「申し訳ありませんが、ロスに着いたら、ご自分で国内線のチケットを買ってください」。僕にとって、この留学初日が初の海外でした。英語力はほぼゼロで、飛行機に乗ることさえ人生で3回目。本当に泣きそうになりました。

ドラマなどで商社マンが海外赴任するシーンでは、みんな颯爽とスーツを着ています。僕は全然必要もないのに、空港でカッコよく見送られたいとスーツを着込んでいました。狭い機上で十数時間過ごし、その間に食べたり寝たりしていますから、もうヨレヨレです。乗り継ぎも含めて19時間、降り立ったニューオーリンズはものすごい炎天下でした。湿気もひどく、スーツを着ている人なんて誰もいませんでした。

なんとか到着してからの2日間は、右も左もの状態で食事もできずに、水道水だけでやり過ごしました。学校生活は日本人が3人いましたが、あえてニューオーリンズを選ぶ人ですから、(僕を含めて)変わり者です。普通ならニューヨークやカリフォルニアなどオシャレなところが人気で、誰も好き好んで治安の悪いところへなど行きたがりません。

深南部のルイジアナ州ニューオーリンズは貧しくて治安も悪く、快適な留学環境とはほど遠いところでした。僕はここで、もみにもまれた5年半を過ごしました。この留学生活によって、人間必死になればどうにかなるということを心に刻み込むことができました。


今回、家族をともなってアメリカへの移住を決めたとき、やはり周囲から反対されました。必ずしも反対の声を疎んじているわけではなくて、反対＝心配してくれている声ということで、ありがたい気持ちもあります。

そういう方々に、「最初は反対していたけれど、思い切ってやってみて本当によかったね」と手放しで喜んでもらえるように頑張りたいです。それがパワーの源にもなっています。

もっとも、僕は本質的にわがままです。これは本当に生き方としかいいようがありません。「どちらのほうが得なのか？　要領がいいのか？」よりも、**「こうしたい！」と決めた道を、自分の人生の支配者となって、いつだって挑戦していきたい**のです。この気持ちは、日本で会社を起こしたときも、不動産投資を志したときも、いつもそばにありました。

コラム　アメリカ人はいつ謝るのか？

アメリカ人の気質について誤解されていることが多いように思います。一般的に、アメリカ人は、日本人のようにはすぐに謝らないという印象がないでしょうか？

実際は、「ごめんね」や「大丈夫？」といった相手を気づかう言葉は日常的にかわされています。スーパーのレジに並んでいると、店員さんの責任ではないのに、「待たせてごめんね」と、自然に声をかけてくれます。

「交通事故で謝ったら自分が罪を認めたことになる。だから謝っちゃいけない」。日本人のなかでのアメリカ人像は、この心象が一人歩きしているような気がします。

どちらに罪があるのかはっきりしていない段階では、謝るのではなくて、かけるべき言葉は「大丈夫ですか？」です。アメリカ人は、こういう場面では自分から「ごめんなさい」といわないように教育されているのでしょう。

日本では日常会話のなかに、頻繁に「すみません」という言葉が登場します。そのあたりの日米のギャップから、「やはりアメリカ人は謝らない」とイメージが先行しているのだと思います。実際には、普段の生活では意外と謝られることが多いものです。

投資金額が半額に。チャンスは突然やってきた

アメリカへの移住を決めてからまず着手したのはビザをとることでした。アメリカのビザには非移民ビザと移民ビザがあり、移民ビザには次の種類があります。

- 家族に基づく移民ビザ
- 雇用に基づく移民ビザ
- 移民多様化ビザ抽選プログラムによるグリーンカード
- 帰国居住者ビザ

雇用に基づく移民ビザのなかに、**EB-5（イービー・ファイブ）という投資永住権プログラム**があります。1990年にアメリカ議会によってつくられた法律によるものです。簡単にいえば、**一定の金額をアメリカ政府が定めるエリアに投資して、その地域の活性化に貢献すればグリーンカードを差し上げます、**というものです。

このような方法があることは以前から知っていましたが、当時、投資金額は100万ドルが一つの目安でした。

1ドル＝100円以上が当たり前の為替水準なら、ミニマムで1億円ですから現実的ではないと考えていました。ちなみに、EB－5を規定した法律は時限立法で、時の大統領の権限でストップさせることも、中身を変えることもできます。

資金的な理由から、お隣のカナダも視野に入れていました。ほかにも可能性を探るために上海やタイ、シンガーポールにも視察に行きました。上海でもタイでも、いったん国外に出ると、世界をまたにかけた投資活動をしたいという思いが強まるばかりでした。

そんななか、**「50万ドルの投資で永住権がもらえる」**という話が飛び込んできました。実はだいぶ前から、100万ドルのところを、条件つきで50万ドルの投資でも認めると法律が改正されていたそうなのですが、僕はそれをキャッチできていませんでした。千載一遇のチャンスとばかりに、さっそく準備に取りかかりました。

国内の不動産賃貸業は〝遠隔操作〞が確立していて、海外にいても成り立ちます。本業の会社はプロテインメーカーとして営業していましたが、この部門を売却。化粧品などの卸部門は物流を外注することで、同じく遠隔操作を実現させました。

大統領選前、不安と闘いながら50万ドルを投入

僕はカリフォルニア州ベーカーズフィールドを拠点に、複数の戸建て住宅による海外不動産投資を行っていますが、はじめに投資したのはシアトルで行われる不動産プロジェクトでした。投資金額は50万ドル。もちろん、ＥＢ－５というプログラムに則ってグリーンカードを受け取るためです。これがアメリカでの最初の不動産投資になりました。

そのころは、大統領選でオバマさんが再選されるタイミングでした。２０１２年11月に選出される次の大統領が誰であれ、時限立法であるＥＢ－５を定めた法律にサインされなければ法律がストップしてしまいます。

そうなるといくらアメリカに思いを募らせていても、挑戦できる道がまたいつ開かれるのかわかりません。それで、大統領選挙がある年の8月に大急ぎで投資することになりました。

50万ドルという金額を投じても、必ずグリーンカードがもらえる保証はありません。インターネットでいくら「ＥＢ－５」を検索しても、グリーンカードを取得できた日本人の体験談などは一切出てきませんでした。事例が非常に限られていることに加えて、個人情報そのものです

から開示したがる人もいないのでしょう。

情報は皆無に等しく、「騙されているんじゃないのか？」と疑心暗鬼になることもありました。「まずは投資額50万ドルを振り込んでください」という指示に黙ってうなずいて、見ず知らずの口座にお金を振り込み、それで「うまくいきませんでした」となっても泣き寝入りするしかありません。やはり額が額ですから、葛藤がありました。

EB－5で政府が定める投資先はリージョナルセンターといわれ、エリアが何十カ所とあります。僕は、そのなかからシアトルに商業ビルを新築するプロジェクトを選びました。ほかには、ロサンゼルスのダウンタウンにランドマーク的にそびえる古いホテルの再生事業や、郊外にある倉庫事業を検討しました。

リージョナルセンターのエリアはさまざまで、それらのバラエティある事業は、政府の要件を満たした民間企業に委託されて行われます。つまり、**政府が指定しているとはいえ、投資するのは民間企業に対して**ということです。その企業の素性がよくわからないなかでの、シアトル商業ビルへの投資となりました。

移民ビザを取り扱う弁護士の出先機関が東京の恵比寿にあります。僕も恵比寿に住んでいたので、ちょっと運命めいたものを感じました。と同時に、「もしかしたら詐欺集団じゃないのか？」と警戒心が常にありました。

万一50万ドルもの大金を失うことになってしまったら大ごとですが、それでも命まで取られるわけではありません。お金はまたつくればいいと踏ん切りをつけ、シアトル商業ビルプロジェクトへの申し込みを完了させたことで、グリーンカードの申請資格を得ることができました。

手続きの煩雑さに驚かされるも、1年半がかりでビザを手のなかに

アメリカでは法律関係の秘書をパラリーガルといいます。僕が訪れた恵比寿の移民弁護士事務所には、日本人女性のパラリーガルが詰めていました。日本人が対応してくれることは心強かったです。

投資プロジェクトについては、アメリカ投資会社の窓口が、これも偶然なのですが恵比寿にありました。何回も説明を聞きに行きましたが、今回のプロジェクトに詳しい副社長とは一度しか会えず、不安は拭えませんでした。同時期に申し込みをしている日本人は1人か2人くらいだったようです。

グリーンカードを取得できるまでの時間は、最初の説明では「まったくわかりません」。そ

の後は、「1年かかる人もいれば、2年かかる人もいますし、取れない人もいます」「大統領が代わるタイミングですし、法律が凍結されてしまったら取れません」など、極めて不確実でした。

アメリカ政府は、移住を希望する僕が何者であるのか、政治的、思想的な背景はどうなのか慎重に身辺調査をします。生まれてからの居住履歴、幼稚園からの学歴、職歴のすべて、渡航歴や両親の出生日も聞かれましたし、警視庁に犯罪経歴証明書を発行してもらうはめにもなりました。

そして、アメリカという国にとってどれだけ有益になるのか、僕の場合は著書や取り上げてもらった雑誌記事などを一覧にしてアピールしました。そのうえで、アメリカでも投資事業に取り組んでいきたいと心意気を伝えました。

ちなみに50万ドルの投資資金は、融資で調達したものであっても何ら問題ありません。多くの土地不動産を所有する資産家であれば、それを担保にして融資を受けることも不可能ではないと思います。

資金源の証明には最も苦労しました。投資した50万ドルは、直接的には所有していたアパートの売却益ですが、もとをたどれば会社を経営して得た収入でしたから、その法人についての証明も必要だったのです。

26歳のときに会社を起こしていますが、**すべての決算書の提出を求められました**。それこそ十何期分です。**個人の確定申告もすべて**です。

先に面談があり、「お金の出自をすべてたどりますから覚悟してください」といわれていました。これは税務署が行う税務調査以上でした。日本の税法だと確定申告書や法人の決算書は、7年間まで保有しなくてはいけません。調査では過去7期分までさかのぼって調べられることもありますが、逆にいえばそれ以前についてはは捨ててしまってもいいということです。

さらに何十冊にもなる銀行通帳をすべてコピーして提出しました。一部を紛失していましたが、銀行に問い合わせると、たまたま保存期間内のデータだったことでなんとかなりました。会社を起こしたときの、有限会社の資本金300万円の出自についても聞かれて本当に驚きました。

僕の場合はこんな調子でしたが、収入の経路がもっとシンプルな方であれば、そこを証明すれば済みます。たとえばサラリーマンの方であれば給料明細を証明するだけで済みます。

大使館での面談。「忠誠の誓い」は余計だった

トータルの期間は、申し込み作業に7カ月、その後の審査に9カ月で都合16カ月かかりました。それでも、僕の場合は順調なほうだったと思います。

結果が出てからは、半年以内にアメリカへ移らなければいけません。渡米する前、家族全員がアメリカ大使館に呼び出され、大使館員と面談します。これに合格すればビザをもらえます。

アメリカ国民であれば必ず学校の授業で覚えさせられる、かつての教育勅語みたいなものがあり、これを「忠誠の誓い」(Pledge of Allegiance) といいます。アメリカ大使館でそれを宣誓させられると思っていました。"I pledge allegiance to the Flag of the United States of America, and to the Republic for……" と続いていくのですが、それを夫婦で覚えました。とくに妻は英語が不慣れなので何度も家で練習しましたが、これは取り越し苦労で必要ありませんでした。

実は、この段階で、すでにアメリカに戸建てを一つ持っていました。もし家族でアメリカに行けなかったとしても、物件は日本から運営していけばいいだろうと考えて、もう賃貸にも出していたのです。

結果的に、その1軒目の戸建てが、審査と面談を通過してアメリカに移住する僕たち家族のわが家となりました。

第2章

アメリカ地方都市
&
戸建て物件の強み

ベーカーズフィールドはどんな街？　何がある？

僕が拠点にしているベーカーズフィールド市は、カリフォルニア州中南部カーン郡にあります。サンホーキンバレーの南端に位置し、東側に山々を背負い、西側にかけて広大な平野が広がっています。同郡の郡庁所在地であり、約38万人の居住人口は、埼玉県の川越市や東京の品川区に匹敵します。

また、ベーカーズフィールド市を抱えるカリフォルニア州は全米でも人気があり、合衆国国勢調査局によると、毎年38万人ずつ人口が増加しています。とくに若い世帯や子どもが多くて、人口減少のフェーズを迎えた日本とは趣が異なります。

ベーカーズフィールド市の人口構成は、半数がヒスパニック系で占められています。街頭で見かける標識をはじめ、ありとあらゆる公共サービスは英語とスペイン語に対応しています。ヒスパニックの彼らは出稼ぎではなく、ほぼ永住組です。彼らは多くの子どもを産みますから、大家族です。街角で子どもたちが遊んでいるのも当たり前で、これは日本と明らかに違う風景と感じます。

地元の方の話を聞くと、**「街が近代化していっているし、大きくなっている」**といいます。毎年のよ

アメリカ西海岸カリフォルニア州の地方都市ベーカーズフィールド（Bakersfield）。
ロサンゼルスまではおよそ110マイル（約176キロ）、サンフランシスコまではおよそ280マイル（約448キロ）。

うに新しいストリートができて、何もなかったところに新たな街が開発されています。

僕が知り合ったコントラクター（工事関係者）や不動産管理会社の方々に、この街を気に入っているか聞いてみたところ、皆さん、Ｙｅｓと答えます。大都市は家賃が高くて住めないし、渋滞がイヤだと。「通勤で、1日に4時間も5時間も車のなかに閉じ込められるなんて信じられない！」ともいっていました。ここならどこへ行くにも、10分、20分と車を走らせればストレスなく目的地へたどり着けますので、大都市よりは気楽な生活が営めます。ベーカーズフィールドは大都市に近く、街には仕事があります。投資の観点からは、**その街で暮らしと仕事が完結している、ほどよい地方都市**といえます。

オイルの街

ベーカーズフィールドはオイル産業で知られています。市内の至るところに石油が埋まっています。オイルデールという住宅地区では深度2マイル（約3・2キロ）地点にオイルがあるといいます。しかし街はずれに行くと、約120メートルも掘ればオイルの滞留層に到達できるため、いくつもの採掘現場が展開しています。高さが2階建ての家ほどのオイルリグと呼ばれる機械は、テコの原理でオイルを掘り出しますが、それが無数に立ち並んでいるさまは壮観です。

いまは住宅地とオイル工業用地は完全に分けなければいけなくなっていますが、かつてはそこまで厳密ではなくて、その時代に建てられた家が多く残っています。そのためオイルを掘っているすぐ隣に家が建っているという風景も、ここでは普通に見かけます。駐車場の一画にオイルリグが設置されていることもあります。その隣に車を停めるのです。もちろん、柵は設けられていますが、本当に目の前でオイルを掘っていることを肌で感じられる街です。

先日、税務署の窓口に並んでいると、電光掲示板で納税額が多い順に優良企業を発表していたのですが、トップ20はほぼオイル関係の会社が独占していました。1位はシェブロンという国際的な石油資本で、街の北東部にカーンリバーフィールド油田を所有しており、納税額は日本円にして優に100億円を超えていました。100億円規模で税金を納めている企業がずらっと並ぶのを見て、やはりベーカーズフィールドはオイルの街なのだと痛感しました。

ここでオイルが発見されたのは1899年で、120年近い歴史があります。オイルの種類としては重く、かつては効率よく採取できなかったそうですが、1960年代に蒸気の力でくみ上げる方法が確立されたことで、国内有数の油田として発展を遂げていきました。

ベーカーズフィールドは、**ここ5、6年で大きくクローズアップされるようになったオイルシェールのバブルで人が集まってきたのではなく、伝統的にオイルを採掘してきた街**です。オイルシェールの流行り廃りは、まったくといっていいほど関係がありません。

穀倉地帯の街

ベーカーズフィールドは、ピスタチオやオレンジ、トウモロコシ、キュウリなどを大規模に栽培していて、ロスのような大都市圏や海外にも供給する大穀倉地帯という顔も持っています。日本に輸出する仕事をしている現地の方と家族ぐるみのおつき合いをしています。昔の日本はよい顧客だったそうですが、品質にうるさいわりには決断が遅く輸入量も物足りなくて、いまでは日本以外のアジアに買い負けているとボヤいていました。

買収されて日本のカゴメの傘下に入った会社もあり、その施設でキュウリを研究している友人は日本の農林水産省の元研究員です。研究目的のものも含まれているのか、広大な土地では実にさまざまな農作物が栽培されています。

街はずれに行けば、そこは見渡す限りの広大な畑です。その土地がトウモロコシ専用なら、どこまで行ってもトウモロコシが植わっており、まるで地平線まで続くかのような光景は圧巻です。

建築、医療の街

それ以外の産業としては、いまは住宅、建設関係の景気のよさが目をひきます。**人口が年々増加しており、新しい道路の整備、住宅や商業施設の建設が盛ん**です。車のナビも頻繁に更新が必要なほどです。

もう一つ、医療産業があります。ベーカーズフィールド市があるカーン郡はとてつもなく広く、少し街をはずれるとのどかな田舎が広がり、大地に集落がぽつんぽつんと点在しているような印象です。医療効率やコストの面から、ベーカーズフィールド市は郡の中心地として医療産業を発達させています。大病院や医療保険を扱う会社が集積しており、街の経済を牽引する一翼を担っています。

街の四季

いちおうは**四季があります**。4月から9月までは暑く、10月と11月はインディアンサマーと呼ばれる秋になります。

12月が最も寒くなりますが、最低気温が0度前後になるのは2、3日程度です。遠くに望む山の稜線は雪で白くなりますが、市街地にはほとんど降りません。2月から3月にかけてが春です。夏は、最高気温が45度を超える日が何日も続きます。最初のころこそ驚きましたが、乾燥している分、気温ほどには暑く感じられません。夏場の湿度は平均10％台で、そのため蚊もいません。日陰にいる分にはサラサラした暑さです。酷暑のシーズンでも夜はだいぶ涼しくなりますが、これは砂漠気候のおかげです。

街の問題

ネガティブな面を挙げると、**大気汚染が深刻な問題**になっています。雨が極端に少なく空気が汚れたままであること、周囲が山々に囲まれていて空気の逃げ場がないことが原因といわれています。冬場に少しは雨が降るのですが、夏は3カ月も4カ月も降りません。たとえ降っても道路を濡らす程度です。そのため**慢性的な水不足という問題**もあります。

ロスのほうでは、シーブリーズという海から吹き込む風により空気の淀みを免れています。空気の流れが海から入ってきたり、逆に海へ流れ出たりするので、昼夜で大気の循環が変わるのだそうです。

ベーカーズフィールドの大気汚染の直接的な原因として、大規模に散布する農薬の影響があります。午前中に空気から発せられる臭いが悪くなるのが感じられ、とくに夏場はひどくなります。

水不足への対応策としては、水の使用制限が設けられています。使用量が多くなっていくと

行政区とオフィスが集中するダウンタウンの様子。
街の名前は、1863年に移住してきたトーマス・ベイカー氏に由来。

市の南西に広がる見渡す限りの荒野。平坦な土地は、住宅地として年々開発が進む。

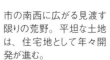

ベーカーズフィールドの東端に迫るサンホーキンバレーからの景色。眼下にはピスタチオ畑。
夏から秋にかけて雨がなく、極端に乾燥する。

無人でオイルを掘り続ける
オイルリグと呼ばれる機械。
『スター・ウォーズ』のバト
ル・ドロイドを彷彿とさせる。

水道代が急増していく仕組みです。

こちらの戸建て住宅では、庭に芝生を植えることが普通で、毎日スプリンクラーが自動で散水するようになっています。制限があるときは、散水できるのは週に3日です。僕の自宅があるエリアだと、住所の番号の末尾が奇数の家庭なら月・水・金だけ水をまき、偶数の家庭は火・木・土だけに制限して、日曜日は誰も散水してはいけないルールになっています。

それでもベーカーズフィールドはまだマシなほうです。ロスの郊外にパサデナという人口13~14万人の街があります。都心まで車で40分ほどの、昔ながらの高級ベッドタウンなのですが、そこに住んでいる友人から、「ついにパサデナ全体で水をまいてはいけないことになってしまったよ」という話を聞きました。

水まきしてはいけないことが何カ月続くのかわからず、空模様次第になるのだそうです。彼は芝生をあきらめましたが、植物が好きだから、苦渋の選択でサボテンを植えるといっていました。

「まずはアパート一棟、買いなさい」の次にある投資

僕は、日本では「まずはアパートを1棟購入して、スピード重視で資産を拡大していこう」と提唱してきましたが、**アメリカでは戸建て投資に手応えを感じています。**読者の皆さんのなかには、そのギャップに違和感を覚えている方がいるかもしれませんので、そのあたりを少し説明しておきます。

日本では、物件の精査や融資の手続きなど購入までの手間や行動を考えた場合、**戸建てで家賃5万円を獲得するのも、合計で家賃100万円がいただけるアパートを買うのも、基本的に行うことは一緒**です。そうであるため、「最初はレバレッジをかけて、力を一点に集中して、まず一定規模を目指しましょう！」というのが僕の提唱しているやり方です。ここでは、30世帯や50世帯を「一定規模」といっています。そこまでたどり着いたら、次は、「そのまま無借金経営を目指すのもよし」「地方の物件から都心の物件にシフトして、資産の中身を入れ替えるのもよし」というお話をしています。

そのやり方でアパートやマンションが一定規模になった方や、すでに資産を築いていて海外にも目を向けたい方の投資として、アメリカ投資を位置づけています。

やってみてわかった戸建ての魅力

家を借りたい人にとって、戸建てはアパートよりも魅力的に映るのは日本もアメリカも変わりません。トラブルが少ないことや、賃料が高くいただけるのも日本と同じです。経済成長を受けてその価値が上がりやすく、アパートよりも資産性が高いことも強みです。

アメリカの戸建ては流動性も抜群で、ベーカーズフィールドだと買い手がつくまでの期間は平均して60日で、全国平均の65日を上回ります。経済成長を受けて価値を高めるということで、景気次第で下ブレするリスクもあるわけですが、そのデメリットを打ち消して余りあるメリットがあると思います。

なお、これは戸建て・アパートの物件種別にかかわらないことですが、**アメリカの賃貸業は日本と違ってオーナーの権利がとても強く、入居者に落ち度がなくても、事前に予告すれば退去してもらうことが可能**です。カリフォルニア州だと、入居期間が1年以内の入居者は30日前、それ以上の入居者には60日前に書面で通知すればOKという決まりになっています。

僕は渡米する前、まだ日本にいるときにアメリカの戸建て1軒を賃貸に出していました。その後、移民ビザを取得するのですが、ビザを取得したら半年後にはアメリカに住んでいなくてはいけないということで、入居者に「いまお住まいの物件に引っ越す日取りが決まりましたので、退去の準備を始めてください」と手紙を出しました。すると、入居者は手紙を出してから45日後にすんなりと引っ越してくれました。

通常は30 day notice（30日前通知）のところ、入居者が子連れのご家族だったので、少しでも余裕があったほうがいいだろうと60日前に通知を出しました。日本では賃借人の権利が非常に強く、このような条件で退去してもらうことは絶対にできません。万一、裁判に持ち込まれたとしたら、負けるのは僕のほうでしょう。長らく日本の不動産賃貸業に親しんだ身には、こうした違いは大きな驚きでした。

土地がある分、アパートは大規模に開発される

アメリカもアパートの数は充実しています。

特徴としては、アパートは戸建てよりも賃料が安く、入居者の定着率が悪く入退去の回転が速くなります。流動性は低く、地元のベーカーズフィールドではアパートの売買はほとんど動いていない状況です。

入居者の属性は相対的に低くなります。人気のある戸建ては家賃が高いので、それなりにお給料の高い人が集まり、賃料の安いアパートを求めるのはそれ以外の方々になるからです。

また一定規模以上のアパートになると管理人を常駐させるほか、競争優位性を確保するためにはアスレチックジムやテニスコート、プールなどを備えなくてはならず、入居者にとっては素晴らしいアメニティでも、オーナーにとっては維持費の負担が重くなります。そのほか、アパー

トの水道代はオーナーの負担となることが多いようです。水道局との一括契約になっていることが多く、賃料に水道代を上乗せしていることをよく見かけます。

ベーカーズフィールドでは、2015年だけでアパートが新しく800室も供給されました。 既存のアパートもたくさんあるので、アパートの賃貸相場は崩れ気味で、知人のオーナーからは「入居がなかなか決まらない」という嘆きが聞こえてきます。というのも、大量に供給された新築アパートの家賃設定が安いのです。

アメリカの地方都市では少し郊外に行けば余っている土地は安く豊富で、開発の余地はいくらでもあります。ベーカーズフィールドも街はずれには荒野や畑が広がっていて地平線が見渡せるほどです。そんな場所を資本力で一気に開発しますので、ある日突然〝新たな街〟が出現することもあるのです。

ところが、それはアパートだけに影響を及ぼして、これまで戸建てにはほとんど影響がありませんでした。**完全にアパートと戸建ての市場は分かれています。** 先の知人オーナーはアパートと戸建ての両方を持っていますが、「戸建てが強い！」と言い切っていました。

それではデベロッパーが新築の戸建てを賃貸用に建てるのではないか？と心配になりますが、まず建築費の採算が合いません。投資効率を突き詰めるデベロッパーが戸建て賃貸に参入する可能性は低いといえるでしょう。

新規開発されるアパートは大規模ですが、昔から建っているアパートは、いわゆる日本の大家さんが建てるような規模で存在しており、旧市街やダウンタウンに多く見られます。

ここベーカーズフィールドでは、およそ築100年からの家並みがあり、開発された時代ごとに建築トレンドがあり、エリアによって様相が大きく変わってきます。

古い地区にも熟成された人気スポットがありますが、基本的には新しく開発された場所ほど入居者のウケがよく、治安や学区もよくなります。古い街にあるさびれたアパートには素性のわからない人たちも多くいて、個人的には手を伸ばそうという気にはなれません。

これがロスになると少し事情が変わります。古くに建てられたアパートは、その価値が認められて歴史的建造物に指定されている場合があります。そうなると窓一つ直すのにも、その当時の窓を再現しなければならず、お金が余計にかかるそうなのですが、それでも立地は最高で入居付けに困ることはなく、投資としてアリという話も聞こえてきます。

お店やモールなどの商業物件にはストップがかかった

ベーカーズフィールドに来た当時は、日本でも経験があった商業物件も頭に入れていましたが、「安定的に収入を得るのは難しいから手を出すな。ベーカーズフィールドでは考えるのも無駄だよ」とリアルターから止められました。その理由は、「レストランや店舗向けの箱貸しは求められるものが多い」のだそうです。

たとえば駐車場です。超車社会のアメリカでは駐車場が狭ければ、それだけでお客さんは寄り付きません。大きな駐車場を兼ねている人気の施設の一画を借りるような話にでもなると賃料は非常に高くつきます。

複数のお店が大きな駐車スペースを共有するショッピングモールなどの投資になると、既得権が発生して、バッティングする同業種が入りづらくなったりするものです。あらかじめ同業種不可と決められているケースもあります。

また、こちらでは飲食店でアルコールを出すにしても、その許可を得るための手続きがとても面倒なようです。そうすると「調理システムを備え、許可もすべておりている居抜きを借りたほうが早い」という話になりますが、そのような条件を満たしている物件は高額になり、またほとんど出回ってこないといわれました。

自前で条件を満たそうとしても、改修工事やライセンスの取得など、そのために必要になるお金と時間は不確定にならざるを得ません。寝かせているお金でやるならまだしも、そうでないお金でギリギリのことをやるのは危険極まりないと感じました。

なぜ誰もが知っている大都市ではないのか

ロサンゼルスのような大都市では、手ごろな土地は開発し尽くされた感があり、既存物件は高騰しています。購入金額が膨らむわりに、家賃は周辺都市の数十%くらいしか高くできないとなれば、唯一の出口はキャピタルゲイン狙いになります。

景気が傾けばすぐに失業者が出るアメリカでは、滞納や退去の心配が少なくありません。現状で家賃1800ドルでも、経済の変調によって入居者が出ていけば次の家賃は1500ドルにせざるを得ないかもしれません。インカムゲインに安定を求めたくても、購入金額が大きくて利回りが低いほど、その安定感は脆弱になります。

ロスのリアルターと話をしたところ**「買い上がりは常識だ」**といっていました。1億円の売り物件に対して、「1億円で買えることはまれ」とのことです。

わざと価格を低めに出して、競り上がらせて最終的に金額を高く持っていくのがロスのような大都会で物件を売るテクニックといっていました。

まず1週間で買付が10本入ります。ゆっくり精査するような時間はなく、競争心をあおられるなかで物件の見極めをしなければいけません。しかも、常に2〜3人は現金客がいるそうで、融資を使って買おうとするのは圧倒的に不利です。

一生懸命取り組んでも、結果的に買い上がっていく状況で、「また買えなかった」が5回も10回も続けば気持ちも沈みます。

フリップ（Flip）といって、買った物件を再生して付加価値をつけて、3カ月なり半年なりの短期で売却して、その転売益を狙う投資法があります。一時期、ロスをはじめとする大都市ではかなり活況でした。２００８年からのリセッションで金融機関が差し押さえた大量の家々が不良債権として安く放出され、景気の回復とともに家がどんどん売れていくようになりましたから、それに乗って猛烈に売りさばく流れが生まれたことがあったのです。

ただし、いまはすぐに転売益を狙える物件はほとんどないそうです。キッチンセットのグレード一つを取っても、高額な物件へと押し上げるのには費用がバカにならないですし、高いセンスも求められます。売ってはじめて完結するフリップ投資で、一時的とはいえ投下するお金が大きくなりすぎます。資金体力的にそれができる投資家は少ないように思います。

強力な制度が用意されているものの、やはり高値づかみがこわい

もう一つ、ロスのような大都市に感じることとして、「キャピタルゲインの幅が大きい」こと

も挙げられます。

ロスで活躍する投資家の友人は、先日、「35万ドルで買った家が2年たったら50万ドルで売れた」という話をしていました。タイミングよく波に乗れたのでしょうが、幅の取り方がベーカーズフィールドとは段違いだと感じました。「次はどうするのか？」と聞くと、**アメリカには譲渡税を繰り延べする制度がある**、という答えが返ってきました。

アメリカには「１０３１エクスチェンジ」という特例があり、それを使うことによって、45日以内に次を決めて、１８０日以内に売却した金額以上の買い換えを成立させれば、譲渡税を繰り延べすることができます。そして１０３１エクスチェンジがさらにすごいのは、本人が死亡すると、なんと延々と繰り延べてきた譲渡税がチャラになること。そして「Stepped up basis」という法律により、遺産は、繰り延べ以前のまま据え置かれていた価値から現在の市場価値に直されて、相続人はその相続税を支払うことで相続が完了します。

これは日本の居住者がアメリカ不動産を売却したときにも使えるのですが、結局は日本の税務当局による課税があるのであまり意味がありません。ただしアメリカに法人を設立して運用する場合には、その法人格はアメリカに所在しますから活用方法があるようです。

なお、日本でも「買い換え特例」という制度があります。10年以上所有した物件であれば、買い換えを上手にすることで売却益に対する税金が猶予されます。

先の投資家の友人はアメリカ居住者なので１０３１エクスチェンジを使いましたが、大都市の買い上がり市況での次の物件探しは困難を極めたそうです。最終的にはなんとか物件を見つけ出しましたが、買い換え失敗による納税を覚悟していたことや、買い換えにはやはり高値づかみのこわさがあることをしみじみと語っていました。

超人気観光地のリゾート投資はどうか？

日本人にとってアメリカ不動産投資で最もポピュラーといえるのは、おそらくハワイのリゾート投資でしょう。

ハワイはいわずと知れた世界屈指のリゾート地で、経済を支えているのは観光です。**投資対象としてハワイを考えたときに一番の焦点となるのは、その金額の大きさ**です。投資額の大きさに対するインカムゲインの収益性が、アメリカ本土での投資に比べると、リゾート投資というのは非常に低いです。

ただし世界の景気が上向けば、必ずハワイを目指す人が世界規模であふれてきますので、そこから流れてくるお金で物件が値上がっていきます。この上がったときの利幅が大きいので、キャピタルゲインを狙いやすいのです。もちろん、下がるときは下がります。**アップダウンが**

激しいのもリゾート投資の特徴です。

ハワイの別荘は、昔から日本人のお金持ちの象徴でした。ハワイ好きは多いですから、「投資物件を持っていれば家族旅行でも経費にできる」という点を付加価値として考える人もいます。しかし人気なだけに常に競合が多く、高値づかみのリスクは大きくなりがちです。

よい点は、ハワイは投資市場として成熟度が高いので、日本人でも投資用の融資が引きやすいシステムができあがっていること。それと日本でも流行した民泊は、自分でホテルを経営するようなものですから、ハワイでも民泊需要を上手に取り込むことができれば、ある程度の利回りで回せる可能性もあることが挙げられます。

日本でいう共益費に当たるものは、こちらではHOA Fee（Homeowners Association Fee）と呼ばれています。それが現地では月に約600ドルもかかります。ハワイに28階建て60㎡弱の古いコンドミニアムを所有して、日本人向けに1500ドルで賃貸している友人の話です。それが最近値上がって800ドルになりました。家賃の半分以上が共益費というわけです。そこは借地で土地の持ち分はありませんが、それでも建物には不動産税がかかります。

このように共益費が異常に高いうえに不動産税も支払わねばなりません。管理会社を雇えば、管理費だって家賃の5〜10%はかかります。それから火災保険料もあります。

友人が持っているのは古い建物なのでエレベーターの更新や外壁修繕が必要になりますが、

悪いことに、そのための長期修繕計画がほとんど立てられておらず、「半年後に工事をしますから、それまでにお金を用意してください」と、出し抜けで一括徴収されることになったそうです。

友人いわく、建物を持っている分にはまったく採算が合わず儲からないから、高く売り抜けたい。いまはそのタイミングではないから、できるだけ早く値上がってほしい、と切実そのものでした。

ハワイのリゾート投資は、やはり目指すゴールが違うのです。ハワイに物件を持っているとなれば所有欲は大きく満たせますが、**もし純粋なキャッシュフローを求めるのであればハワイをターゲットにすることには疑問符がつきます。**少なくとも気軽におすすめするような投資対象にはなりません。

一時期話題になったテキサスはどうか？

原油価格の急落によってオイル関連産業では全米で35万人以上の解雇があり、テキサスもその大きな波をかぶりました。しかしながら、テキサス州のローカル政府は税の優遇策をからめ

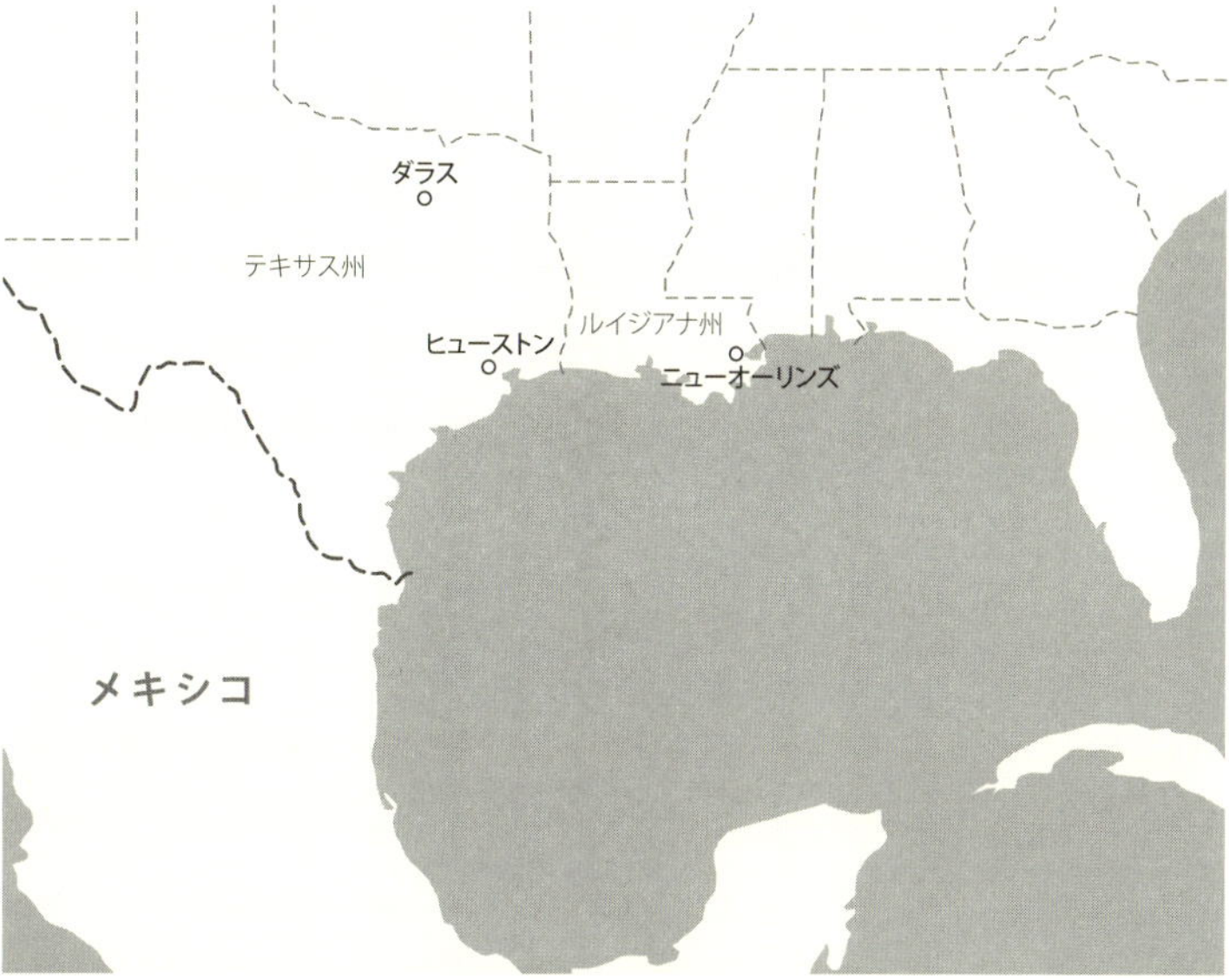

テキサス州の人口はおよそ2,500万人で、カリフォルニア州に次いで全米第2位。
中心都市ダラスとヒューストンを結ぶ高速鉄道の計画も進められている。

た企業誘致に長けていて、世界を代表する企業の本社がテキサスへ移転することがたびたび取り上げられています。アメリカのトヨタ本社が、ロスからテキサスへの移転を発表したときにはこちらでも話題になっていました。

そんなテキサス州のダラスに２０１６年2月に移り、不動産投資を展開している友人がいます。彼が貸しているのは20万ドル台前半で買った戸建てで、家賃は２０００ドル。利回り10％ほどというわけですが、彼は「それはバブル気味で、いまだけ」と慎重です。

企業の役員など高額所得者が、まず土地の様子を見るために貸家に住み、それをステップにして豪邸へ住み替えていきます。家賃2000ドルで貸せるのかといえば、それだけの家賃を払える方なら自分の家を建てたほうがいいので、「それまでの間に住んでくれたらいい」と割り切っているそうです。将来的には、「転機が来たら方向転換すればいい」そうで、いまは企業誘致にともなう引っ越しラッシュで貸家の需要がすごいといっていました。

投資家にとってのテキサスの魅力は、**個人の所得税がない**ことです。アメリカはテキサスを含む7州が個人の所得税が無税で、投資家をひきつけています。

その反面、テキサスでは不動産税（プロパティタックス）が他州の2倍から3倍にのぼります。州のなかでも郡や市といったローカル政府により、その税率が決められていて、友人の物件がある地域では課税評価額の2・52％ということでした。彼は西海岸にも物件を持っており、「カリフォルニア州の2倍くらいのイメージ」と話していました。継続して支払うものですから、意外とそのインパクトは大きいです。

アメリカの不動産税はそもそも高いです。どれくらい高いかというと、僕がベーカーズフィールドに12万5000ドルで購入した、1956年築の家の不動産税が、2015年で約2000ドルです。

日本の地方に建っている築60年の戸建てであれば、固定資産税は3～5万円くらいが妥当でしょう。地方に行けば「固定資産税は年に1～2万円しか払ってませんよ」という話はザラに聞きます。

1ドル＝100円で換算しても20万円ですから高いと思います。テキサス州はカリフォルニア州の2倍くらいということは、不動産税は年間で40万円前後ということですから、これはもうすごく高いです。

不動産税のほかに、もう一つ高いものがあります。**管理会社にお願いしたときの不動産管理費**です。

僕がカリフォルニア州でお願いしている管理会社の管理費は家賃の6〜8％です。これは管理をお願いする戸数などによって幅が出ます。安いところなら5％という管理会社もあります。

友人は、「ダラスは10％が相場だね。どれだけ探しても安くて8％」と嘆いていました。その理由の一つが天気の荒さです。天候によって物件が事故にあう確率が上がるから管理の手間が増えて、それが管理費に反映されているそうです。

ダラスやヒューストンは高温多湿の気候から暴風雨が多く、また過去に何度もトルネードに見舞われて大きな被害を出してきました。治水が悪いことでも知られています。

1990年代前半、僕は大学時代をルイジアナ州で過ごしました。隣がテキサス州です。ルイジアナ州ニューオーリンズはハリケーンの通り道ですが、その被害がヒューストンまで及び、街が壊滅状態になった記憶があります。ハリケーンの直撃で屋根が吹き飛び、真夏の盛りに水道や電気が止まり、街中で洪水が発生して……という状態がしばらく続きました。

アメリカは一つの州内でも気候帯がまだら模様なほどで、とてもひとくくりにはできません。投資しようとするエリアの気候や天候を見定めようとするのなら、現地のリアルターや管理会社に当たることになるでしょう。ほとんどの方にとってそこは未知の世界になるでしょうから、一度エリアを決めたのなら、新たな土地を開拓しようとするよりも、そこでまず一定規模まで拡大していくことを目指すほうが効率はいいと思います。

コラム

物件見学は危険がいっぱい

リアルターは、物件案内のときに許可を受けたうえで小型拳銃を携帯することがあります。というのも、空き家にもかかわらず、そこに人が住みついていることがよくあるからです。窓を割って侵入して居座ってしまうのです。

空き家は日本人が考えるよりもずっと危険で、空き家だから人が住んでいないと思い込むのは大間違いです。僕も、リアルターと一緒に回っているときに、空き家なのに人が住んでいる気配を感じたことが何度かあります。「誰かいませんか?」と大きな声を出しながら歩き回るのですが、そのときは神経がピリピリします。

もちろん、入居中の家を見学することもあります。あるとき、外から眺めるだけのつもりで車を家の前に停めたところ、なかから上半身裸のタトゥーだらけの男たちが殺気立った様子でこちらをうかがっていました。おそらく、悪いことをやっている人たちです。銃も持っていそうな雰囲気でした。

もし、彼らが違法行為をしていて、僕らのことを警察や抗争相手のギャングなどと勘違いしようものなら銃撃してくることだってあるかもしれません。そのときは、とるものもとりあえず退散しました。

ちなみに、入居者がいる家を見学する場合には2通りあって、外から見るだけの場合と、あらかじめ入居者に断りを入れて、なかを見せてもらう場合があります。後者の場合は、24時間前・48時間前ノーティスといって、決められた時間までに申し込みをすれば内見のスケジュールを調整してもらえます。

何回か入居者がいる状態で室内を見せてもらったことがあります。入居者が協力的な場合と非協力的な場合があり、非協力的な場合は室内が洗濯物の山になっていたり、女性なのに下着姿で出てきて目のやり場に困ることもありました。逆に協力的な入居者だと、「庭ではこの野菜を育てているんだ」「うちの息子はこんな仕事をしているんだ」といったふうに話が弾むこともありました。

最大の関門になったシアトルの商業物件

ここからは、現時点で僕がアメリカに所有している5つの物件をご紹介していきます。

その話に入る前に、多くの人が抱いているであろう疑問にお答えしておきたいと思います。

それは、なぜベーカーズフィールドを選んだのか？ということ。

アメリカに移住してから、数多くの人に聞かれました。実は、**その理由は拍子抜けするくらいあっけないもの**です。いくつもの選択肢の洗い出しと緻密なシミュレーションに基づいて決めているはずだと想像している方がいらしたら、その期待を裏切ってしまうことになるのですが、正直にお話しします。

僕はまだ日本に在住していたころ、カリフォルニア州の南部の郡、オレンジカウンティに憧れていました。投資の視点ではなく、「そこに住む」という視点で家を探していたころの話です。オレンジカウンティの頭文字を取った『The O.C.』というアメリカの青春ドラマがあり、一時そのドラマに夢中になっていました。

舞台はオレンジカウンティにあるアーバインという都市です。日本人の駐在員にも人気があり、全米で最も治安のよい都市の一つといわれています。気候は温暖で過ごしやすく、海も近くて理想的なのです。しかし、物件価格が高すぎました。アーバインは将来のゴールにするとして、やっぱりロサンゼルスかな、となったのですが、少しでも割安なところはギャングの抗争が多いなど治安の問題があったりで、なかなかよいところが見つかりません。

どこに住もうか思いあぐねていたときに、地図を見ていた僕の妻が、たまたま「あれ、ここは？」と指さしたところがベーカーズフィールドでした。縮尺の大きい地図だとロスの少し上にしか見えませんが、家の値段はロスの5分の1くらいです。

学区についても調べていくと、公立学校は1～10までレベル分けされて、それが公表されています。最もよい10の学校はありませんでしたが、ベーカーズフィールドにも9はありました。ほどよい田舎だったら住みやすいだろうし、子育てにも向いていそうです。

これが僕たちとベーカーズフィールドとのファーストコンタクトになりました。

閑話休題。話を物件紹介に戻します。

1軒目は、移民ビザを取得するために行った投資です。アメリカ政府の規定を満たす50万ドルという絶対的な条件があり、選択肢はほぼありませんでした。

キツかったのは、50万ドルというお金を先に投資することへの不安です。僕が利用したのはEB－5という投資永住権プログラムですが、そのプログラムに則ってグリーンカードを手に

アメリカに飛び出すためにプロジェクトに投資

ストロングポイント

- MLBシアトル・マリナーズのホーム球場セーフコ・フィールドのはす向かいに位置する一等地
- 資産性が高く、価値上昇の期待が大きい
- EB-5の要件を満たすプロジェクトで、永住権が取得できる

ウイークポイント

- 利回りが低い
- 永住権を取得してから2年間は売却することができない

物件概要

所在地　**ワシントン州シアトル**

2012年８月にプロジェクトに参加
2013年新築　RC造

土地　**8,703㎡**

建物１棟目　13,114㎡＋3,405㎡＝16,519㎡
建物２棟目　14,399㎡＋14,482㎡＝28,881㎡

新築価格　**1億5500万ドル**

購入価格　53万ドル（50万ドルの投資と３万ドルの投資組成代）
所有形態はLLCファンド＝合同会社への出資方式で、
持ち分は310分の１

賃料から経費を差し引いた配当
1,667ドル／月、20,000ドル／年

表面利回り　不明
収益還元利回り　3.77%

した人にお会いすることはできませんでした。お会いするどころか、インターネット上で見つけることもできませんでした。

申込み手続きを行った弁護士事務所のスタッフの言葉しか信じるアテがなく、その方にツッコんだ質問をぶつけることもできませんでした。対応してもらったのはパラリーガルという弁護士の秘書ですから、そもそも今回の案件に詳しくありません。ある日、アメリカの投資会社から「投資プロフェッショナル」という触れ込みの副社長が東京にやってきてお会いしましたが、僕の英語力ではアメリカ人と微に入り細をうがった話ができるはずもなく、「まあこんなものかな」と割り切るしかありませんでした。

最後は、移住するために通らなければいけない道ということで腹を決めました。投資家仲間からは、「石原さんは裏でいろいろと準備して、手堅く固めてから動いている」といったように見られることがありますが、実際のところは、**普通だったら渡らないような橋を、危ないことは十分に承知しながら渡っていることもあります**。日本で不動産投資を始めたときもそうでしたし、今回もそうでした。いま振り返ってみると、これは最も大きな関門でした。

こうした紆余曲折がありましたが、建物は竣工して、無事にグリーンカードも発給されました。規模が大きい分、ゼロからの賃借人誘致に不安がありましたが、地元のテレビ局をはじめとする優良なテナントにも恵まれて、2年ほどかけて満室に至っています。

2軒目

“黄金の比率”を教えてくれた最初の戸建て

REAL ESTATE INVESTMENT №2 America

この家は、リーマンショックによって元値から半分以上落ち込んだ底値に近いところで買いました。この2軒目の物件が現在の自宅になっています。

2006年くらいが最も高くて30万ドル近くの価値がありました。購入したのは2012年なので、わずか数年の間に急落しています。今後も下がる可能性はありますが、十分に下がったところで購入できれば下がり幅は知れています。

アメリカには、非常に使い勝手のいい不動産ポータルサイト「Zillow」があります。そこでは住所を打ち込むだけで物件の価格推移がわかります。過去の売買事例や近隣の物件の価格推移もチェックできますから、家を買おうとするときの強力な安心材料になってくれます。そのような情報がネット上で誰にでも開かれているわけですから、アメリカの不動産はフェアでわかりやすいといえると思います。

情報が把握できれば、あとは自分が決めるだけ。日本の不動産はどちらかというと勘も大事ですが、Zillowを見ている限り少なくとも勘頼みにはなりません。

必勝パターンに沿って購入した物件

ストロングポイント

- ☑ 大学のそばで住環境がよい
- ☑ 標高が高く、空気汚染の影響を受けにくい
- ☑ 2台対応のビルトインガレージ付き、暖炉付き
- ☑ 大きな通りに面していない

ウイークポイント

- ☑ 購入後、若干の手直しを要した
- ☑ バックヤードが裏通りに面している

物件概要

所在地　**カリフォルニア州ベーカーズフィールド**

2012年12月に購入
1956年築　木造戸建て

土地　**591㎡**
建物　**160㎡**

販売価格　**12万5000ドル**

購入価格　12万5000ドル
諸費用と修繕費用　5,000ドル

賃料
1,300ドル／月、15,600ドル／年

表面利回り　12.48%
収益還元利回り　8.67%

この物件は、**「3ベッド・2バス・2ガレージ」という構成**です。これは、**価値が上がりやすく貸しやすい〝黄金の比率〟**です。詳しくは後ほどお話ししますが、この2軒目以降に手に入れた物件も、この比率に従っている物件か、もしくはそれに合わせてつくり変えた物件のどちらかです。

この「3ベッド・2バス・2ガレージ」という指標を持てたのは、業歴が長い、地元の信頼できるリアルターにお会いできたからです。僕は、このリアルターに出会った瞬間に「この人だ！」と思えました。信頼できる人は、出会うものなのか、自分で見抜くものなのか、あるいは呼び寄せるものなのか、一概にはいえないと思いますが、事業のパートナーとなってくれるような人が近くにいても、気づかない人だってたくさんいると思うのです。僕の場合は、長年日本で不動産経営をやってきたことが活きたのではないかと思っています。

この物件を買ったのはアメリカに移住する前で、まだ日本にいました。3日間アメリカに滞在して、実質たった1日で決めています。渡米した当日の夜に車でロスからベーカーズフィールドに入って、翌朝からリアルターの案内で都合14軒を見て回り、そのうちの1軒にオファーを入れました。

その夜、リアルターをねぎらうためにステーキハウスで食事をしていたら、信じられないことに「オファーが通った！」というメールが届きました。普通であれば、その日のうちなど即時の返事は難しいのですが、すぐ日本に帰るから早く返事がほしいと伝え、さらに現金で購入することを材料として出していました。

アメリカ人は残業をしないとステレオタイプでいわれますが、とんでもない誤解です。22時を回っていたにもかかわらず「いまから事務所へ戻ろう！」となりました。

リアルターの事務所で、深夜にかけて何十枚もの契約書にサインしました。すべて英語で読み上げるので大変です。

エスクローのクローズ（中立な第三者機関による決済完了と物件引き渡し）までは時間がなくて立ち会えません。あとは日本に帰ってメールでやりとりしました。公証はアメリカ大使館で行い、原本をフェデックスで送って、買付日から2週間後には無事に物件を購入できました。

どの物件を買うかは自分一人で決めました。妻は出産を目前に控えており、それどころではなかったのですが、「自分たちの将来にかかわること。私は大丈夫だから行ってきてください」と送り出してくれました。

いまはこの物件を自宅にしていますが、いずれは新しい家に移るつもりで、この物件は賃貸に出す予定です。アメリカでは自宅のローン金利は経費になるので、次の自宅の購入には住宅ローンを利用するつもりです。

大幅な指値のあとでリモデルに挑戦した物件

3軒目を探し始めたのは、2014年4月にアメリカに移住して、ぼちぼち生活が落ち着いてきた同じ年の7月ごろです。一部が無許可で増築されていて、融資がつかない物件でした。そんなわけで売値は8万8000ドルでしたが、交渉で6万5000ドルに値下げして現金で買いました。

物件探しは、リアルターにリクエストを挙げておけば現地に行かずともネットで十分行えました。リアルターから提案されて見送った数は、延べにして数百軒はくだりません。そのなかで現地回りをしたのは10軒だけです。2日間で回りました。**情報がフェアに公開されているので、ネット上で絞り込みをかけることができました。**

辛抱強くフィルタリングしていくと本当にいい物件が常にあります。強力なライバルが現れることもなく、実際に買えてしまいます。あまりに競合相手がいないので、「本当にこの家でいいのか？」と戸惑ってしまうくらいです。

日本なら、よい物件の足が速いことは皆さんご存じのとおりです。バッティングするのはイヤなものの、目の付けどころが同じ投資家がいるということで、「自分の見る目は確かだった」と自信を持てるわけですが、こちらではそのようなこともなく、それが不安を誘います。**それくらいゆるい状況**です。

許可を受けないまま増築されている違法物件ということで、適法にするためのリフォームをしなくては安心して貸し出すことができません。せっかくなので寝室を2つから3つに増やし、バスルームも追加して、パティオも新設しました。

設備や配線、配管もすべて更新し、芝の種をまき、スプリンクラーも設置するという大規模な工事を行いました。アメリカでは、こういった工事をリモデルといいます。さまざまな業者を現地に呼びましたが、10社呼ぼうが15社呼ぼうが、現地に来てくれるのは常に片手で数えるくらいでした。

こちらでは日本の常識は通じません。頭ではわかっていたことですが、見積もりを依頼した業者が現地に現れないという、そういった次元から洗礼を受けました。しかし、**僕がこちらの常識を学ぶことが筋**ですから、**「ここはこういう世界なんだ」**と、一つひとつ納得しながら進めていきました。

あえてフルリモデルに挑戦したのは、建物の再生に一からかかわることでアメリカの流儀を最速で習得しようという心づもりがあったからです。目的は達成しましたが、その過程は本当に大変でした。

アメリカのリモデルを身をもって学んだ物件

リモデル後

リモデル前

ストロングポイント

- ☑ 2台対応のビルトインガレージ付き、RVパーキング付き
- ☑ 屋根、外壁、窓、設備、配線、上下水道管、外構まで手を入れた
- ☑ 人気の角地
- ☑ 大きな通りに面していない、敷地が裏道に接していない

ウイークポイント

- ☑ 貸し出すまでに大規模リモデルが必要で、1年を要した

物件概要

所在地　**カリフォルニア州ベーカーズフィールド**

2014年８月に購入
1949年築　木造戸建て

土地　**540㎡**
建物　**125㎡**

販売価格　**8万8000ドル**

購入価格　６万5000ドル
諸費用と修繕費用　６万ドル

賃料
1,150ドル／月、13,800ドル／年

表面利回り　21.23%
収益還元利回り　8.21%

国から引き取ったあとに、お隣さんとの関係でもまれた物件

4軒目は、国が差し押さえた物件を買い付けました。前のオーナーは、リバースモーゲージといって、ローンの借主が亡くなったら家を手放してローンを清算する仕組みを利用していたのですが、そのオーナーはほかにも借金をしていたらしく、存命中に自己破産し、家を抵当に取られてしまいました。

リバースモーゲージは民間の金融機関から借りていましたが、その金融機関の経営が傾いて公的な管理下に入り、債権者がアメリカ政府に移りました。このようにして**国が差し押さえた物件を買うときには、まず指値ができません。**

さらに特殊な取引条件があり、このときは契約時に規定の手付金1割を払いましたが、決済が完了するまでに火災や地震などのアクシデントで物件が失われても白紙撤回できないという、買主が圧倒的に不利な契約書にサインすることになりました。たとえば、もし暴動でも起きて家を壊されてしまったとしても、それは不可抗力でしかありません。一般取引なら、契約を解消して手付金を戻しておしまいですが、この物件では、国は何が起きてもお金を返してく

れません。

「それでもいいですか？」と念押しされました。リアルターに助言を求めたところ、彼の意見は「それはヒロのチョイスだ」でした。「リスクはある。やめるならいましかないぞ」と釘を刺されました。

結局、僕はサインしました。確率論で考えれば、引き渡しの間に家がなくなるなんてリスクは飲み込める、万一最悪の事態が起きても、それは受け入れると決めました。

その代わり、「決済完了まで通常は2週間かかるとして、そのリスクを最小化したいので最短でやってください」と先方へ要求しました。「あなたの申し出はもっともです」となり、お役所仕事ですが9日間で売買が完了しました。

この物件は購入した直後から、売ってほしいという手紙が殺到しました。買ったばかりの僕に「売ってくれ」というのは不思議な話ですが、それだけ安く買うことができたと考えれば悪い気はしませんでした。ちなみに、その手紙には、どこで調べたのか、「Hi, Hiromitsu.」と僕の名前までタイプしてあります。書き出しが「Hello」や「Hi」ならいいのですが、「Hey」までありました。「Hey, Hiromitsu!　売っちゃおうぜ！」というノリで手紙が来るのです。本当にアメリカは面白い国です。

この家の隣人は、当初ケンカ腰でした。

お隣さんとの関係で気苦労があった物件

ストロングポイント

- ☑ 大学のそばで住環境がよい、標高が高い
- ☑ 2台対応のガレージ付き、暖炉付き
- ☑ ワンランク上のキッチンやバスルームにアップグレード済みだった
- ☑ 大きな通りに面していない

ウイークポイント

- ☑ シロアリ被害があり、駆除とリフォームが必要だった
- ☑ バックヤードが裏通りに面している

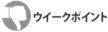

物件概要

所在地 **カリフォルニア州ベーカーズフィールド**

2014年12月に購入
1954年築　木造戸建て

土地 **607㎡**
建物 **112㎡**

販売価格 **13万7000ドル**

購入価格　13万7000ドル
諸費用と修繕費用　1万ドル

賃料
1,195ドル／月、14,340ドル／年

表面利回り　10.47%
収益還元利回り　7.11%

「うちの隣で貸家をやる気か？　うちは小さな子どもがいるんだぞ。ヘンなヤツに貸したら承知しないからな！」と、貸すも貸さないも僕の権利であるにもかかわらず、苦情を言い立ててくるのです。「塀の高さが低い。隣に引っ越してくるヤツがノッポだったらうちが丸見えになる。家族を守るためにも塀を高くしてくれ！」。僕もいわれるがままではたまらないので、「あなたの庭から伸びている枝がうちに越境している。これは切っていいか？」とチクリとやると、それはすんなり了承されました。

お隣の苦情には閉口しつつも、そのご家庭のお子さんが誕生日だということで、僕はプレゼントを買って渡しました。おもちゃの大工道具セットで、10ドル足らずにディスカウントされていたものですが、とても喜ばれました。それからはお隣の態度が一変して、当初は要望どおりに塀を増設する予定でしたが、「ヒロ、ここに塀はいらないよ」と前言撤回となりました。

このような込み入った状況を打開できたと書くと、皆さんは、僕がさぞ流暢に英語を話しているんだろうと誤解されるかもしれません。実のところはその真逆で、**たどたどしいもいいところ**です。いや、**たどたどしい英語だからこそいいのではないでしょうか**。拙いけれど心はこもっています。

「俺が家族を守るんだ！　ヘンなヤツを入れたら許さないぞ」と、そんなふうにすごまれたらこわいのは確かです。彼らは銃も持っていますから。それでも、とにかくトラブルから逃げないことを自分に課しました。

このようにお隣さんとのことで苦労があるのは、治安に対する考え方が日本と違うからです。彼らの、素性が知れない者に対する警戒心は神経質と思えるくらいのレベルです。

たとえば、大学生に部屋を貸すとパーティハウスと化してしまうことがあるそうで、むやみに貸してはいけないといわれていますが、その裏にはドラッグが蔓延しているという土壌があります。そのような輩に占領されてしまった家が1軒でもあれば、近隣物件すべての価値が一気に下がってしまいます。

これは僕ら投資家側も気をつけなければいけないことで、せっかく手に入れた物件のそばにそのような家があったら泣くに泣けません。

戸建て住宅に住んでいる普通のアメリカ人は、とにかく自分たちの権利と安全を守りたい人たちです。ケンカ腰で来るのにも理由があります。

ところで、僕が外国人だから警戒されるということはありません。それでは超多民族の国で生活することができませんから。まれに「アジア人が嫌いなんだな」という人もいますが、そういう人は遠巻きにしているだけで近寄ってこないからわかります。第一言語や国籍が違うことを不動産投資の障壁と考える必要はないと思います。

ありがたいことに、2軒目、3軒目と同じく、この家にも入居の申し込みがたくさんありました。そのなかで入居してもらったのは、病院勤務の最も手堅そうな方です。ただし、アメリカでは、**人種や性別、年齢で人を選別することはタブー**です。就職活動などでもいえることで、一般的な履歴書には学歴、職歴、資格、志望動機をしたためるくらいです。生年月日や写真、人種、家族構成、趣味などは含めません。それほどセンシティブなのです。

日本では、学生がいいとか悪いとか、外国人は不可だとか、オーナーが判断するのが一般的ですが、**こちらでは入居者の選定は管理会社が行って、オーナーは最終決定するのみ**です。

管理会社は、クレジットヒストリーと呼ばれる、その人の信用履歴に問題がないか、勤務先や犯罪歴の有無、以前住んでいたところでトラブルがなかったか、滞納歴はないかといったことをすべて調べます。クレジットヒストリーを数値化したものをクレジットスコアと呼び、それはオーナーが自分で調べられる方法があります。「Homeowner's Association」という不動産オーナーの協会に百数十ドルを払って登録すれば、自主管理のオーナーも入居希望者のバックグラウンドチェックを行えます。

とはいえ、自主管理のオーナーからは滞納やクレームに悩む話をよく聞きます。僕は管理会社というプロにお願いしているため、その部分はラクをさせてもらっています。その違いは、入居審査のノウハウの差によって生み出されているのだと確信しています。

この家は取得後に貸し出しに向けてマイナーな修繕を行いましたが、それから1年半、トラブルやクレームとは一切無縁で、順調に稼ぎ続けてくれています。キッチンやバスルームが以前の所有者の手によりアップグレードされていたのは嬉しいボーナスでした。これらの豪華設備も安定入居に貢献してくれていると思います。

5軒目

行き止まり＋裏通りナシの高評価物件

売主のおじいさんは元リアルターで、物件は3人のご兄弟との共有名義にされていました。もとは親から相続した家で、賃貸に出していましたが、ご本人も高齢になったため、「売ってしまおう」ということになったそうです。

売値は14万8000ドルと少し高めです。ですが、日本でいうところのローン条項（ローンが通らなければ買い付けを白紙に戻す特約）付きながら満額で買い付けが入っていました。

2番手の僕は、現金で13万5000ドルの指値をすることにしました。リアルターは「無理じゃないか」と弱気でしたが、「やるだけやってほしい」とお願いしました。

すると売主のおじいさん、元リアルターの血が騒いだのでしょうか、「売れるときに売っておくものだ。チャンスは逃しちゃいけない」「現金客に売るべきだ。いますぐ兄弟を説得するよ」という話になり、本当にわずか1日で身内をまとめてくれて、僕の指値を通してくれたのです。

「自分は若いころからこの仕事をやってきたが、現金で買うお客を逃してはいけない。ローンは水物だから、いつ売るに売れなくなるとも知れない。君の心意気もよくわかるよ」

現金パワーで指値に成功した物件

ストロングポイント

- ☑ 街の中心に近い元高級住宅地に立地
- ☑ 2台対応のビルトインガレージ付き、暖炉付き
- ☑ 広大なバックヤード
- ☑ 大きな通りに面していない、敷地が裏道に接していない
- ☑ 人気のカルデサック（行き止まり）

ウイークポイント

- ☑ 購入後、若干の手直しを要した
- ☑ パティオ（中庭風の空間）にひさしがない

物件概要

所在地　**カリフォルニア州ベーカーズフィールド**

2014年12月に購入
1973年築　木造戸建て

土地　**1,053㎡**
建物　**115㎡**

販売価格　**14万8000ドル**

購入価格　13万5000ドル
諸費用と修繕費用　1万ドル

賃料
1,200ドル／月、14,400ドル／年

表面利回り　10.67%
収益還元利回り　6.87%

と理解を示してくれたのです。

僕がこちらの方とやりとりをしていて感じるのは、常に責任を背負いながら、自分の意見、信念を持つことが彼らの流儀にかなうということ。別の言い方をすれば、「人がＮｏといおうが、自分の信じる道を進め」となるでしょうか。それは不動産の売買に限らず、日常生活の些細な場面でも感じられることです。

ここまでご紹介した物件を一緒に探してくれたリアルターは優秀で信頼できる方ですが、決して彼が１００％正解ではありません。４軒目の差し押さえ物件のときもそうだったように、「決めるのは君だ」と突き放されることもあります。日本的な受け取り方では、まるで放り出されたように感じられるかもしれませんが、いまは**「自分で責任を持て！」「チャンスは自分でつかめ！」という暗黙のメッセージを送られている**のだと感じます。それは僕の性にも合っていることです。

こうして5軒目の物件は２０１４年12月に買うことができました。この5軒目は元高級住宅地に立地していて、近隣の売買事例と比べると最も安く入手できたことが大きな満足です。現在価値は16万８０００ドルとなっています。

５軒の物件すべてに現金を投入して、これで手持ちの現金が打ち止めになりました。

最後に一つ付け加えておくと、この家は「カルデサック」と呼ばれる行き止まりにあります。通り抜けができないので、不審者を寄せつけにくく治安によいとされており、アメリカでは人気です。また、敷地が扇型で、接しているのはすべて隣家の庭です。裏通りがない点も治安面では評価されます。

日本では通り抜けができない土地は価値が低いとされますが、アメリカでは逆の評価です。また裏通りがある家は、不審者が塀を越えて入ってくる可能性があるため敬遠する入居者が少なくありません。

僕のほかの物件には裏通りが付いている家もあります。ただし、敷地が高台になっており高い塀もあるため外からのぞけませんし、容易に飛び越えることもできません。裏通りのマイナス面は解消しています。

interview
現地のプロに聞いてみた！

リアルター
リック・マッセルマンさん
Rick Musselman

——お話をうかがうのは、ベーカーズフィールドでリアルター（Realtor）としてご活躍されているリック・マッセルマンさんです。リックさんは僕にとって欠かすことのできない不動産投資のパートナーで、いつもお世話になっている方です。ではリックさん、まずはご自身のキャリアの紹介からお願いします。

日本の皆さん、こんにちは。私はイリノイ州の農家で育ちました。21歳でオイル供給会社に就職して、オクラホマ、テキサス、ルイジアナへと転勤を繰り返し、オイル掘削現場のマネージャーとして1988年にベーカーズフィールドにやってきました。

翌年その会社は身売りして失業してしまいますが、私は街にとどまりました。大学でリアルターに必要な単位を取得、試験に合格して不動産会社で働き始めました。ベーカーズフィールドはオイル供給地として注目されていましたが、まだ人口は17万人強と、現在の半分にも満たないころのことです。オイルがある以上、将来の人口増加は明らかでしたから、街の成長を見込んでここでの再起を決意しました。

不動産をなりわいとする私は、これまでに会社を六度変わっています。これにはフランチャイズ加盟先の変更など会社都合も含まれているのですが、この業界ではより条件のよいところへと転職を繰り返すことは一般的です。現在はRE／MAXという会社組織にブローカーとして在籍しています。ブローカーライセンスは1992年に取得していて、独立を考えたこともありましたが、多数のエージェントを統率する要職を何度も経験し、責任の重さや複雑さ、維持費などを勘案して組織に属する働き方を選択しています。それから、とくに1997〜2003年の期間は不動産管理業に携わり、売買のみならず不動産全般の経験値を高めました。

――リアルターについて教えてください。

リアルターは、不動産売買の仲介業者のことを指します。「Real Estate Salesperson」と「Broker」の2種類の免許があり、前者はブローカーのもとでのみ働くことが許されています。ともに買い手と売り手の取引を仲介します。公平性と中立性が求められる仕事です。

取引を成立させた対価として、売主から最大で取引成立価格の6％の報酬が支払われます。仕事の安定と発展には〝信用〟の構築が課題となりますが、手柄を焦るばかりに誠実さをおろそかにして仕事が続けられなくなった人を大勢見てきました。はたから見れば簡単に儲かりそうで、実は厳しい仕事と実感しています。

――どうすればリアルターとして仕事ができるようになるのですか?

私がリアルターを目指したころといまとでは仕組みが少し変わりました。

セールスパーソンになるためには大学で3つのコース、ブローカーなら8つのコースを履修して、それぞれさらにSupplemental(追加の課程)があり、最後に試験にパスすればリアルターになれます。いまは、ブローカーになるには4大卒もしくは2年間の実務経験があることが条件に加わっています。

――収入の仕組みを教えてください。

仲介手数料として、成立価格の6%が報酬の上限です。買い手側のエージェントと売り手側のエージェントが介在すればそれぞれ折半となり、買い手のエージェントと売り手のエージェントを兼ねるデュアルエージェントなら100%の報酬がもらえます。セールスパーソンの場合は、所属しているブローカーに支払いが発生して、ブローカーはその取引の責任を負います。

会社とブローカー、そしてブローカーとセールスパーソンの利益配分は、経験や年間の取引数によるインセンティブの設定があったり、サポートや教育体制の違いを反映したりで、それぞれ特色があって配分率もまちまちです。経験値のアップとともに実力に見合った待遇を選ぶことは必然で、結果として私たちは転職を繰り返します。

――アメリカ不動産市場のトレンドを教えて

ください。

不動産市況はエリアによってまったく違います。加えて私はこの街以外はよく知らないということを前置きしなければいけませんが、一般的にいえることとは、融資金利は継続して低下傾向にあるということです。

また、売り物件が平均して3カ月以内に売れてしまう状態を「Sellers Market」と呼び、在庫の平均残存期間が4カ月から6カ月の状態を「Normal Market」、そして売却まで7カ月以上要する状態を「Buyers Market」と呼びます。現在のベーカーズフィールドは、セラーズマーケットとノーマルマーケットの中間にあります。2010年と11年に大量に新築一戸建てが供給されましたが、それが一服した感もあります。あのサブプライム問題によるリセッションから順調に回復してきた値動きが少し落ち着いてきているといえるでしょう。今後の見通しとしては、1980年から2000年に生まれた第2次ベビーブーム世代の子どもたちが力をつけて消費者に移行することや、さらに増加していく人口が経済の牽引役となってくれると信じています。

――ベーカーズフィールドの魅力と可能性はどんなところにありますか？

住宅コストが大都市の数分の一とリーズナブルな点が挙げられます。平均的な所得の人でも、車2台分のビルトインガレージ、大きな庭、暖炉、たくさんの広い部屋を備えた家が夢物語ではありません。

安い理由は都市までの距離の長さです。現

状ではロス市内まで車で120分を要しますが、サンフランシスコやロスとつながるカリフォルニア高速鉄道計画が持ち上がっています。さらに、あのイーロン・マスク氏が提唱する次世代交通システム・ハイパーループ計画が実現したら、なんとロスまで10分かからなくなるなど夢のある話もあります。

ほかには、油田や広大な農地や豊富な労働力がありますし、集積している病院施設は近郊一帯の中心地として重宝されています。さらに空港周辺に免税の国際貿易特区が整備されたことで、巨大企業の誘致もますます進んでいくと思います。

――任意売却や競売について教えてください。

日本の任意売却に相当するものを、こちらでは「Short Sale」といいます。取引額が債権額を下回る（ショートする）ので、このように呼ばれます。差し押さえは「Foreclosure」といい、「Auction」（競売）により現金化されます。そして銀行に所有権が移動した状態を「REO」といいます。

こうした物件を「Distress Property」といい、この街で取引される全体の7%を占めています。結果が出るまでに3カ月から6カ月と時間がかかり、確実性にも乏しく、たいていの場合は現状有姿《げんじょうゆうし》です。いまはこのような取引は減少傾向にあります。

――リックさんご自身の投資経験を教えてください。

1990年にベーカーズフィールドで、投資用にとても小さな戸建てを購入しました。当時400ドルの賃料でしたが、更新のたびに賃料を上げていき、わずかな期間で600ドルまで上昇したところで、すぐに売却してしまいました。購入価格の2倍以上の金額で売れたことを覚えています。

このような購入と売却を繰り返して、いまは自宅を含めて8軒のオーナーです。将来について確実なことはいえませんが、これまでの取引では賃料と不動産価格の上昇によって利益を確保することができています。物件はすべて自主管理で運営しています。

――おすすめの投資スタイルは？

物件の種類や投資スタイルは千差万別ですから、万人に通じる方法はないと思います。あえて申し上げるなら、私のおすすめはやはり戸建て投資です。価格帯は13～17万ドル以内で、最低でも3つの寝室と車2台分以上のガレージがあるといいでしょう。

25万ドルを超える貸家は、いくら資産価値があっても、キャッシュフローが悪くなりすぎるのでやめておいたほうが無難です。

――アパートなどの共同住宅や商業物件への投資についてはどうお考えですか？

共同住宅は、2世帯住宅を「Duplex」、3世帯住宅を「Triplex」、4世帯住宅を「Fourplex」、5世帯を超える共同住宅を「Multiplex」と呼びます。とくにベーカーズフィールドでは共同住宅の賃料は1100ドルまでと上限が決まっていて、それ以上は戸建てのテリトリーとなり、当然ながら共同住宅の人気は戸建てに及びません。

賃料の上限が決まってしまう共同住宅の市場は、土地と建築費の相場上昇によって、近年は新築だと収支が合わなくなっています。5世帯以上だと融資が格段に厳しくなり、流動性に欠けてしまうことにも注意が必要です。また、共同住宅は賃料の未払いやトラブルなどの発生率がどうしても高くなります。

商業物件は、オフィススペースやレストラン向けの建物から、ホテルやホームセンターなどの巨大な施設まで含みます。資金調達や運営には高度なテクニックが必要ですし、残念ながらここベーカーズフィールドでは商業物件の在庫があふれている状況です。

――ゾーニング（用途の区分け）について教えてください。

住宅用地は、住居を表すR＝Residentialと数字の組み合わせで表示されており、R-1、R-2……と続いていきます。この数字は家1軒を建てるために満たさなければならない土地の最低限の広さを表していて、エリアごとに基準があります。物件資料に「ZONE R-1」などと記載されていますが、具体的な広さを含めた詳細は、管轄する行政やエージェントに確認する必要があります。R-2は2軒まで、R-3は3軒まで建築が許されます。意外とプロでも知らない人がいますので注意してください。

商業物件は「Commercial」のCで表され、工場は「Manufacturing」のMとなり、ほかにも用途ごとに細かく種類分けされています。

――リアルターの仕事をしていて危険な目にあったことなどはありますか？

実はリアルターという職業はとても危険をともないます。過去には物件調査で訪れた先の住人が裸で出てきたり、飼い犬に襲われたりといったハプニングがありました。そんな私の最もこわかった経験をお話ししましょう。

女性のクライアントをともなって空き家を案内しているときのことでした。その空き家の地下室に不法侵入した不審者が潜んでいて、私たちがまさにそこに降りようとしたときに階下から突然現れたのです。何かを握りしめた手を布切れで覆いながら、もう一方の手で、おいでおいでと手招きするではありませんか。もちろんすぐに建物から逃げ出しましたが、その恐怖を一緒に経験した彼女は、「確かに彼の手にナイフが握られていた！」とまくし立てていました。もしも不審者が身を潜めたままだったら……と思うとゾッとせずにはいられない恐怖の体験でした。

実際に多くのリアルターが物件案内中に事件に巻き込まれて殺されています。つい先日もラスベガスで女性のエージェントが行方不明になり、いまも消息が明らかになっていません。ですので多くのリアルターは許可のもとに護身用の拳銃やスタンガンを携帯しています。私は銃を持ちませんが、物件案内は命がけで、細心の注意を払って行っています。

——日本の投資家にメッセージをお願いします。

古きよきアメリカでは、わずか数枚の契約書にさらっとサインして堅い握手をかわし、お互いを信頼し合うという時代もありましたが、それは過去の話です。現代では細かいルールを記した分厚い契約書があり、それを理解したという証拠のために無数のサインが必要です。契約書の読み合わせと署名で半日近くを費やし、署名のしすぎで腕が震えるほどに疲弊することも珍しくありません。しかし、これは過去に起きた問題やクレームをフィードバックしてきた結果になりますので、どうかご理解ください。

また、こちらでは「購入資金を本当に持っているのかその証拠を見せてください」と、頑なまでに銀行の残高証明書の提示を求めたりする一方で、真剣な取引にもかかわらずリラックスしすぎて冗談を飛ばし、おごそかに臨む皆さんとのギャップに驚かれることもしばしばありますが、どうか文化の違いと理解していただけたらと願うばかりです。私はいつでも喜んで皆さんのお手伝いをさせていただきます。どうぞお気軽にご相談ください。

第3章

海外資産をつくる13のステップ

アメリカ戸建て投資の流れをトレースする

アメリカの不動産投資は、都心に近づくほどにキャピタルゲイン重視型といわれています。しかし、投資に絶対はありません。日本の過去を見ても、バブル景気のときは真顔で土地神話が語られていたくらいです。

僕がおすすめしたいのは、**安定したインカムゲインを得ながら、キャピタルゲインにも浴する、インカム・キャピタル両方を重視した投資**です。

たとえば、毎月の返済を賃料では賄いきれなくて、別の収入から補填しなくては維持できない赤字構造だとします。将来高く売ることで赤字を回収してさらに利益を得ることが唯一の出口戦略ならば、その不確実性が高いことは、これまでの歴史が物語っています。それよりも月々の収支をたとえ1円でも黒字としながら、じっくりと売却のタイミングをはかる方法のほうが堅実です。

ここでは、インカム・キャピタル両方を狙っていくためのアメリカ戸建て投資を理解いただくために、リサーチから買い付け・メンテナンス・売却まで、一通りの流れを説明していきます。全体像のイメージに役立ててください。

STEP1　投資エリアを決める

アメリカでは物件や仲介業者よりも、まず投資エリアが先です。その理由は、**州が違えば異国ほどの違いがあるから**です。

人口動態はどうか、そのエリアの経済力はどうなのかというアプローチから始めていきます。交通インフラの充実度や属している気候帯も街の魅力や求心力に影響します。州で異なる法律や税率にも気を配るべきでしょう。まずは、インターネットで情報をピックアップしつつ、投資先を絞り込んでいきます。

ある程度エリアが決まったら、次に重視することは治安です。ブロックごと、ストリートごとに見ていきます。第4章でご紹介しますが、アメリカにはエリアごとに治安の状況を一覧できるサイトがあります。ただし、「いまはいいけれど、この先は治安が悪化していく可能性があるだろう」というエリアもあります。近隣の犯罪多発エリアが侵食してくるケースです。このような治安の予想図は、地元のリアルターや管理会社でないとわかりません。

STEP2　リアルターを決める

地元の業者はインターネットで探します。

不動産仲介人のことをリアルターといい、その州にいるリアルターは、所属する組織内で調整を行えば、基本的には州内全域を取り扱うことができます。とはいえ、やはり**地元密着のリアルターを選ぶことが肝心**です。僕の経験からすると、そうでなければ必ず失敗すると言い切ってもいいくらいです。

土地柄というのはまだら模様で、治安のいいエリアと悪いエリアが混在しています。つまり投資してもよいエリアと、してはいけないエリアをどう区切るかが重要になります。こればかりは地元に住んでいる人のアドバイスがなければわかりません。

州によっては日本人のリアルターもいます。言葉が通じる安心感は大きいのですが、僕はそれよりも、リアルターがそのエリアに精通しているかどうかを重視します。

同じ地域で買い進めていくと考える場合には、1人のリアルターに決めてしまったほうが効率がよいでしょう。僕の場合はそのために形式ばって契約をかわすといったことはなく、「専属のエージェントとしてお願いしたい」とお伝えしただけです。

STEP3　物件のリクエストを出す

日本では不動産業者間のデータベースとして「レインズ」がありますが、アメリカにも同じように「MLS」というシステム（ウェブサイト）があります。そこに、リアルターを通じて希望物件のリクエストを出します。ちなみにMLSは、Multiple Listing Service の略です。

エリアをはじめとして、物件種別や価格帯、そのほかバスルームの数など間取りも細かく指定することができます。MLSには自分の専用ページ（Client Portal）がつくられ、何か動きがあると最新情報がメールで送られてきます。

オファーされた物件をボタン一つで却下したり、気に入った物件をお気に入りとして保存したりと、管理は非常に簡単です。また、MLSには、これまでどういった物件を検討してきたのか履歴のすべてが残っています。それらの物件に買い付けが入った、売り止めされたといった情報もすぐにわかりますから、市場の動向を把握することにも使えます。

STEP4　管理会社に問い合わせる

目ぼしい物件が見つかっても、いきなり現地には入りません。その物件を管理してもらえるのか、家賃はどれくらいが想定されるのか、リアルターから紹介された地元の管理会社に問い合わせします。危険なエリアに所在する物件だと管理を拒否されることもあります。

管理会社とリアルターでは、そのエリアの治安に対するとらえ方が違うこともありますが、治安に関しては、実際に管理を行う管理会社の意見を重視したほうがいいと考えています。管理会社から前向きな反応が得られたら、物件のある現地に出向きます。

いざ購入となってから新たに管理会社を探すのは大変なので、事前にアプローチするようにしています。

STEP5 物件を絞り込む

僕は、2012年8月からMLSやポータルサイトZillowを使って物件探しを始めました。まだ日本にいるころのことです。リアルターとはメールのやりとりのみで、延べ500軒以上を検討しました。そのなかから候補として40軒をピックアップして、買い付けのために11月末から12月頭の3日間の日程で渡米しました。現地では物件見学の前にリアルターと資料のチェックを行い、数を半分以下に絞り込んで、最終的には14軒を見て回りました。

日本在住の友人も、これと同じやり方でアメリカに不動産を買っています。アメリカでも大都市では物件の足が速くなりますが、地方都市では物件が蒸発するようなことはなく、**海外か**

らのアクセスでも十分に対応できるレベルです。とくにベーカーズフィールドは、競合に関してはゆるい状態が続いています。

STEP6 買い付ける・契約をかわす

物件の目星がついたら、買主側のリアルターが売主側のリアルターに電話して、まだオファーを受けつけているか、競合がいるのかを確認します。その情報をもとに価格交渉などの作戦を立て、書面で正式な買付証明書を出します。買い付けを入れる資格として、買い受け可能額を満たした残高証明書、もしくは融資の仮承認書が必要になります。

そして、双方同意に至れば契約に進みます。契約書類は何十ページにもわたり、各ページには「了解した」という意味でイニシャルを書き込み、重要なところには日付とサインを入れます。契約書の読み合わせには2~3時間かかります。

ただし、日本にいながらでも基本的なやりとりはメールで可能です。契約書へのサインは、「DocuSign」や「Digital Ink」などの電子署名サービスを用意してもらえます。紙に出力しなくても、スマートフォンの画面を指でなぞるだけでサインの登録ができて、画面内に映し出された書類の必要個所をクリックするだけでサインすることができます。また、サインをしたクラウド上のデータは、原本と同じ効力を持つので現物が不要になります。

しかし、公証された書類には原本が求められます。またエスクロー会社や銀行によっては、特定の書類には原本に直接手書きしたサインが必要になります。

契約時には規定の手付金を支払います。銀行振込もしくは小切手にサインをして渡します。

契約後は、**コンティンジェンシー期間（猶予期間）として17~60日間があります。**この日数は双方の合意によって決めますが、融資を利用する場合には長くとります。この間にホームインスペクション（建物検査）やターマイトインスペクション（シロアリ検査）を行い、さらに条例に適合しているか建築違反がないかを確認、融資利用の場合には同時にローン会社によるアプレイザル（担保の査定）と本審査が行われます。不備が見つかれば白紙撤回するか、修正可能であれば条件交渉をします。

建物とシロアリの検査は、数百ドルを支払って買主側で手配します。条例や建築違反の確認などはリアルターの仕事です。融資はローンオフィサー（融資のアレンジを行う専門職）の担当で、アンダーライター（契約査定者）との折衝をします。権利関係はエスクロー会社やタイトル会社、もしくは弁護士が調査します。

STEP7 決済する・所有権を移転する

エスクローとは、当事者に代わり決済と所有権移転登記を行う第三者機関のことです。日本の不動産仲介会社が行う売買にともなう包括的なサービスと、司法書士の所有権移転登記のサービスを同時に提供する、**買主と売主の仲人のような存在**です。州政府から認定される必要があり、このエスクローのシステムを採用している州はカリフォルニア州を含めて9州あります。

エスクローとほぼ同じ機能を持つタイトル会社というものもあります。一般的にはエスクロー部門を傘下に持ち、タイトルポリシー（権利瑕疵保険）の発行権を有する規模の大きな存在です。この保険の発行にあたり、予期せぬ債権者や先取特権の洗い出しを行い、権利の安全が担保されます。

何も問題がなければ、不動産税の日割り分と購入代金の残金、登記費用、エスクロー会社やローンオフィサーへの報酬を、銀行からエスクローの口座に一括で振り込んで決済が完了します。エスクローの仕組みがない州では弁護士に依頼します。なお、リアルターへの報酬は売主が全額を負担します。

決済日が確定すると、その前日までにファイナルウォークスルーといって最終的な物件の点検を行いますが、これは省略することもできます。

STEP8 物件を引き渡す

家の鍵は、決済完了日にリアルターから受け取ります。新オーナーは物件に出向いて鍵の交換を行います。日本なら、競売だと鍵交換は当たり前かもしれませんが、通常の売買で鍵交換は一般的ではないでしょう。しかし、アメリカでは必ず現地に鍵業者を呼んで鍵交換を行います。

僕がお願いしているのは安くてサービスがいい、おじいさん、おばあさんが営んでいる鍵屋さんです。鍵をつくる機材が車に積み込まれていて、ドアの数にもよりますが、時間にして1〜2時間くらい、金額で120ドル程度かかります。日本に居住している場合には、この作業は管理会社に代行してもらえます。

物件引き渡しが済んだところで、リアルターの業務は終了します。

なお、**アメリカでは権利書の原本は手元に届きません**。日本では権利書の紛失を防ぐため金庫などに保管することもありますが、アメリカでは原本は登記所にあるもので、手元に届くのはあくまでコピーとなります。

STEP9 税金を納める

日本では物件購入の数カ月後に不動産取得税の支払いがありますが、アメリカにはそれがありません。

固定資産税は「プロパティタックス」といい、半年おきに請求があります。まだ日本にいるころ、このプロパティタックスや1年ごとに更新される火災保険料は、賃料と相殺する形で管理会社に代理納付してもらっていました。

交渉次第となりますが、すべて管理会社に代行してもらうことも可能です。

STEP10 修繕する

中古で購入した物件がそのまま貸し出せるということはありません。多少なりとも修繕が必要です。簡単な修繕であれば、ハンディマンと呼ばれる便利屋さんに依頼します。たいていの管理会社にはお抱えのハンディマンがいるものです。

日本なら半日で半人工《にんく》、1日で1人工といった日当がベースになりますが、こちらだと作業内容によって、たとえばドアノブの調整＝20ドルといったように課金されます。

工事を行うとき、僕の場合は200ドルまでの工事であれば事後報告で管理会社にやってもらっています。**それ以上になると事前に見積もりを送ってもらい、「こんな作業をします」と報告を受けます。**

たとえば窓枠付近から水が染み出したケースでは、こんな具合です。「調査結果から、原因は窓まわりではなく、屋根から水が染み込んでいると考えられます。つきましては、〇〇フィートの部分を削り取って新しく葺《ふ》き直します。この工事によって水が漏れないことを〇年間は保証します。この工事を行うことを事前にご了承ください」。こういった報告とともに見積もりが届いて、それにサインします。

すべての管理会社がこうとはいいませんが、しっかりした会社は、責任の所在がはっきりわかる内容を提示してくれるものです。

STEP11 メンテナンスする

毎月決まってやってくるメンテナンスとして芝刈りがあります。アメリカの戸建てにはフロントヤード（表庭）とバックヤード（裏庭）が備わっています。そこには芝生や樹木が植えられているのが一般的です。わが家にもレモンやグレープフルーツの樹があります。

芝生の刈り込みとともに植物のトリミングも必要です。僕がいる地域では、柑橘系の樹木は害虫駆除をすることが条例で決められています。そういった手間のあるなしで庭師の費用が違ってきます。僕の場合は1軒あたり月60ドルで、広い庭になると80ドルです。

日本の戸建てでは、庭は専用部とみなして入居者が自らメンテナンスするケースが多いですが、**アメリカの場合は管理会社のポリシーによって変わってきます**。僕がお願いしている管理会社では、オーナーがメンテナンスを行います。

賃貸に出す前、バックヤードの一角に前入居者の飼い犬が掘った土の凹みが見つかったことがあります。日本であればそのままにしておくと思うのですが、お金をかけて土を運び入れてすべて平らにしました。入居者が凹みにつまずいて転んでしまったらオーナーの責任が問われるからです。

また、暖炉がしつらえられている家もありますが、そこには耐火ガラスの蓋をして、子どもが触れたり、なかに入れないようにして安全を確保しています。

このようにできるだけ事前に手を打つようにしています。この点は管理会社の経験に助けてもらっているところが大きいです。

庭が広いアメリカの住宅では芝の手入れは大切な仕事。芝のあるなしや芝のコンディションによって家の価値が変わってくる。

STEP12 売却する

僕はまだ売却を経験していませんが、いくつかの事例を見聞きした範囲でいうなら、**売却を依頼する業者は購入時にお世話になったリアルターがよい**と思います。もしその人が退職しているなどしたら、次の選択肢は地元のリアルターとなります。地元の業者がついてくれると何かと話が早いです。

売却のための仲介手数料は最大で販売価格の6％かかりますが、これは交渉の余地がありま す。諸費用として、エスクローに関する費用は売主側にもかかります。およそ販売価格の1％前後です。

こちらでは、**高く売りたいのなら「とにかく芝生を緑色に生やせ」**というセオリーがあるくらい、庭の手入れが大切です。それと、ステージングといって、レンタル家具や小物類で室内をコーディネートして物件を印象づける手法もよく行われています。

STEP13 売却にかかる税金をおさえる

日本にいる人（アメリカ非居住者）がアメリカの不動産を売却した場合、2つの種類の税金がかかります。一つは**連邦税**15％（2016年2月以前は10％）です。どこの州で売買しても必ずかかる税金です。もう一つは**州税**で、カリフォルニア州で売却した場合には3・3％の税率です。15＋3・3で、合計の源泉徴収税は18・3％になりますが、注意点は、**売却益ではなく売却価格にかかる**ということ。外国人の未払いを防ぐために先に暫定額を支払わせ、あとから確定申告で調整される仕組みです。実際の税金は、売却益に税率を掛け合わせて算出されますので、所有期間や利幅にもよりますが、ざっと利益の2割から3割といったイメージです。

このほかに、日本の法律に則って短期譲渡所得・長期譲渡所得にかかる税金があります。先に源泉地であるアメリカで税金を支払い、その次に日本で確定申告によって税金を納めます。両国に税金を納めたら二重払いになってしまうので、日本での確定申告時に「外国税額控除」を利用して、先にアメリカで支払った分を差し引きます。理論上は二重課税にならないということですが、やはり国をまたぐ税務は複雑にならざるを得ません。

アメリカの各州が認定する会計士をCPA（米国公認会計士）といいます。CPAは日本の税理士をイメージしてもらうといいと思います。二国にまたがる税務にはCPAをはじめとした専門家の力を借りることが必須です。

アメリカ不動産投資「5つの壁」

日本で不動産投資歴が長い方でも、ゼロから海外の物件に取り組むとなると二の足を踏んでしまうことが多いようです。多いというよりも、むしろそれが普通だと思います。僕のまわりの投資家仲間もそうです。ここでは、アメリカ不動産投資について僕がよく受ける質問を5つピックアップ。その〝5つの壁〟に対する僕なりの解釈や対応策をお話ししたいと思います。

「英語」の壁

「アメリカで不動産をやるといっても、どの程度の英語力が必要になるんですか？」。一番といっていいくらい、よく受ける質問です。

皆さんが心配されているのは、「ネイティブと流暢に渡り合うような英語力がないとうまくいかないのか？」ということですが、もちろんそこまでは求められません。不動産に限らず海外ビジネスをするとき、よく**「中学レベルの英語があれば大丈夫だよ」**といいますが、**実際そのと**

おりだと思います。

物件の売買に関しては、あえて難しい表現をする必要はまったくありません。「英語が苦手そうだな」とわかれば、相手方はそれに応じた対応をしてくれます。とりわけお金がからんでくる状況が心配と思いますが、**基本的に僕たち投資家はお客さんの立場**です。相手方はなるべくシンプルな英語で伝えよう、日本人英語をわかろうという姿勢で臨んでくれますから、おそれる必要はありません。

契約書には難しいことも記されていますが、これに関しては事前にひな形を受け取って確認しておくのが有効です。全文を自分で訳すのが困難なら、プロの通訳にお願いする方法がありますし、ネット上のクラウドソーシングの仕組みを使って格安で翻訳業務を依頼することもできます。グーグル翻訳や、文章を写真に撮るだけで自動翻訳してくれるソフトも無料であります。

現地では、通訳のサービスを利用する手があります。プロの通訳を貸し切るとなると高くなりますが、学生や主婦アルバイトに頼めばそれほどかかりません。「都市名＋通訳」というキーワードでも簡単に検索できます。

リアルターに働きかけて、リアルターが所属する協会内にいる日本人リアルターを探してもらう方法もあります。大都市に行けば行くほど、日本人リアルターは見つけやすくなるはずです。

コラム

「同胞だから」という甘えは禁物

とくにカリフォルニアは日本人のリアルターが多いです。日本語で検索すると、必ず現地にいる日本人のリアルターがヒットします。

もちろんカリフォルニア州すべてがそうというわけではなくて、日本人がいないエリアもあります。ベーカーズフィールドは日本人のリアルターはおろか、僕以外に日本人の投資家もいないと思います。

おおよそ、日本人が集まっているのは大都市圏です。現地の男性と結婚した日本人女性が「手に職を」というときに、リアルターの資格を取る話をよく聞きます。

よくも悪くもアメリカナイズされた日本人のリアルターがいます。日本人ならではの丁寧さや、かゆいところに手が届くサービスを期待していると、がっかりするかもしれません。僕が出会った人は、テキトーに日本語で返してくることもあれば、英文だけで返してくることもありました。とにかくオーバーな話をする人なのですが、裏づけとなる数値や資料は一切出てきませんでした。結局、誰かの受け売りだったのでしょう。

「同じ日本人だから安心」というのはやはり違うと思います。同胞だから助け合うよね、騙さないよね、というシンパシーを逆手にとって接近してくる人もいます。もちろん、誠心誠意やっている、とても優秀な方もたくさんいますが、そうでない人も残念ながら一部にはいるのです。

海外に出ていくと、やはり少しでもラクなほうをということで、つい日本語が話せる日本人になびいてしまうこともあると思います。どうか慎重さを忘れないようにしてください。

「現地訪問・現地滞在」の壁

仕事が忙しくて時間がとれないから、なるべく現地に行かずに済ませたい……そう考える方は多いと思います。僕も、1軒目のシアトルの商業物件は現地訪問をせず、サインするだけで買いました。2軒目のベーカーズフィールドの戸建ては、まだ日本にいたので、3日間の滞在で契約までもっていきました。その2軒目の物件のときに利用したサービスが2つあります。

国際宅配便

僕がベーカーズフィールドで買った2軒目は、3日間の滞在で契約まで進めて、日本に帰国後にメール、それと国際宅配便のフェデックスを使って決済を完了させました。書類にサインをした原本をアメリカに送る必要があり、そのときにフェデックスに頼りました。

相手方の手元には2営業日で届きました。費用は6000円ほどです。ただし、フェデックスは日本の宅配便とは違って、基本的に最寄りの営業所に持ち込んでの依頼となります。営業所は国内の隅々までは網羅していないため、地域によって使い勝手に差が出ると思います。

とはいえ、世界最大の総合航空貨物輸送会社として220以上の国と地域をわずかな日数で結ぶサービスを提供しているわけですから、時間厳守のシーンでは欠かせない存在です。

公証サービス

通常、アメリカで家を買おうとするとき、それを夫婦の共有名義にするにしても、どちらか一方の名義にするにしても、**公証人の目前でサインをして、「本人の意思で、そこにサインをした」ということを公証してもらわなければなりません。**

たとえば、奥さんが「共有名義にする」という意志があれば、「奥さんのサインを公証してもらってください」となりますし、奥さんが「これは夫の名義で、私はかかわりません」という意志なら、「それでは奥さんが共有しないことを公証してもらってください」となります。どちらにしても公証サービスが必要になります。

僕の失敗談をお話ししておきます。都内某所に英語にも対応してくれる公証役場があります。そこで1万5000円を払って、僕だけの名義にするという書類（妻に「その物件を共有しません」とサインしてもらった）を公証してもらってフェデックスで送りました。

しかし、所轄しているカリフォルニア州カーン郡の担当者が、「日本人が公証したものは認めない！」といってきたのです。実際には日米両国はハーグ条約の加盟国であり、同じ批准国の公証人が公証した書類は有効であるとされています。

僕は、条約文を盾に、リアルターを通してカーン郡役所で粘りましたが、どうしても認めてもらえませんでした。最終的には「アメリカ大使館で公証してください」と押し切られてしまいました。

子どもが産まれる寸前で、妻のお腹が大きくなっている状態でしたが、真冬にアメリカ大使館に出向いて改めて公証をやり直しました。費用は60ドルほどです。さらにそれをフェデックスで再送したため、手間も費用も余計にかかりました。日本で公証をするのなら、アメリカ大使館が安くて確実ということをお伝えしておきます。

「海外商習慣」の壁

外から眺めると、アメリカで契約をかわすということは大変なことのように感じられるかもしれません。

でも、僕はアメリカに限らず日本も高度な契約社会だと思っています。**日本人の商習慣のリテラシーがあれば、アメリカで契約をかわすことなど何ら問題ありません。**これが途上国で契約となればひっくり返りそうになることも一度や二度ではないのかもしれませんが、アメリカ社会との契約ならとくに違和感なく、すんなり受け入れられると思います。

こちらの特徴を挙げるとすれば、アメリカは情報公開がすごく進んでいてフェアだということです。

たとえば、先ほどお話ししたとおり、管理会社は「○○の理由で○○という工事をします」と、すべて先に明文化してくれます。正規の業者は、驚くほどきちんと書類を整えてくれます（そうでない業者は安い分、書類がおざなりだったり、時間にルーズだったりします。お金と品質のトレードオフです）。

また、不動産ポータルサイトに住所を打ち込めば、その物件のありとあらゆる情報が出てきます。住所のやりとりをして、その住所をポータルサイトでタイプすれば、地図とともに写真も出てきて、いくら税金がかかっていて、いくらで売買されたのか、現在の価値はどうなのか、どのような学区に属しているのか、まですべてわかってしまいます。

いまの日本では、不動産についてそこまで情報は公開されていません。プライバシーの観点からは気になることもありますが、本当に驚くほど、また気恥ずかしくなってしまうほどオープンです。

「融資」の壁

アメリカ非居住者がアメリカで融資を受けるのはハードルが高いです。ベーカーズフィールドも例外ではなく、ここで日本人が融資を受けるのは厳しいのが現状です。

そもそもアメリカの融資金利は高水準です。アメリカでは属性を判断する指標として、クレジットスコアがあります。クレジットスコアには何種類かあるのですが、主流と目されているFICOスコアでは、740以上ないと最優遇金利が受けられません。このスコアレベルは収入の多寡は関係がなく、カードの与信枠25％以内の利用と期日どおりの返済を続けていけば誰でも達成できるのですが、約2年間の実績が必要です。それでも住宅ローン金利は3・5％前後という水準です。そして融資利用者は、不良債権化に備える保険料や不動産税、火災保険料を毎月の返済に上乗せして、金融機関を通じて各所に支払う仕組みになっています。

これが事業用ローンとなれば金利はもっと高くなります。

アメリカで融資を受ける場合、もう一つ日本との大きな違いがあります。日本では自分自身で金融機関を開拓するケースもありますが、多くは不動産仲介業者の紹介です。業者によっては金融機関とのパイプが太くて、最初からローン付きの物件もあります。

しかし、**アメリカではリアルターが融資を付けてくれることはありません。**融資は融資斡旋を専門とする職業があり、これを「ローンオフィサー」といいます。日本ではローンオフィサーに相当する職業はありません。彼らは成功報酬として、融資金額の1〜2％くらいを受け取ります（会社によってルールが異なり、この数字は一律ではありません）。

＊　＊　＊　＊　＊

さて、ここからは**「日本人がアメリカをはじめとする海外不動産を買うための融資」**という視点から、僕が収集した金融機関の情報や事例を（少し長くなりますが）まとめていきます。融資には金融機関の内部環境・外部環境、物件評価のやり方、借り手の属性などパラメーターが無数にありますから、融資の状況や可否、条件は常に変化していて、一定の形はないということを念のため申し上げておきます。

日本の金融機関・スルガ銀行

東南アジアの不動産購入資金として1000万円の融資が行われた事例があります。商品名は「フリーローン」といい、金利は8％前後の変動で、無担保で融資期間10年です。

「アメリカの不動産購入でも融資をしてくれますか？」と問い合わせてみたところ、審査次第になりますが融資自体は大丈夫との返答でした。2015年の秋に従前のローン商品から条件を緩和して、融資上限は3000万円まで、期間は20年まで、8％前後変動金利の無担保ローンを用意しているそうです。商品名を「新型フリーローン」といいます。
属性については、年収1000万円に達していない場合は少し難しいようです。

日本の金融機関・日本政策金融公庫

100％政府出資の日本政策金融公庫にも可能性があります。アメリカ不動産への融資について問い合わせると、次の3つの条件が返ってきました。

1. 購入したい物件が決まってから審査を行う
2. 海外の物件は担保に取らない代わりに、国内の物件に担保を設定する。担保余力があれば、融資がついたままの自宅などでも可能
3. 物件の管理ができる体制があるのか、国内不動産よりも厳しく審査を行う

国内不動産の場合と同じく事前審査が基本で、融資総額については推測になりますが、担保＋無担保融資枠2000万円の範囲内。物件の管理体制は、提出書類の一つである事業計画書でしっかり示すことができないと難しいでしょう。

2016年の春に日本へ一時帰国したときに、公庫で海外不動産の購入資金を用立ててもらった投資家とお会いする機会がありました。東南アジアにある収益不動産の購入に向けたもの

で、金利は1・45％の14年間固定で、希望額を満額融資してもらったそうです。対象の海外物件は事業計画書でしか伝えられないため、それをしっかりとつくり込んでおいてよかったとおっしゃっていました。

僕の感触からいうと、日本である程度の不動産賃貸業の経験がある人なら、物件を担保に取れるわけですし、融通してもらえる可能性は高いと思います。逆に日本で経験がなく、海外物件が1軒目というケースでは難しいでしょう。

日本の金融機関・オリックス銀行

「不動産担保ローンワイドプラン」という商品があります。2016年5月に新しく出たローンです。

不動産の所在地・用途・構造・築年数は不問で、融資額1000万円以下で、融資期間20年以下、4・975～6・975％の変動金利。団体信用生命保険付き、保証料不要、国内不動産を担保に取りますが、第2順位の設定も検討可能となっています。ネット申込みと電話面接で完結する非対面形式や、決済後の融資ができる点でも使い勝手がよさそうです。属性については年収500万円以上となっています。

香港の金融機関・HSBC

ＨＳＢＣにプレミア口座を持っている方であれば、４世帯までの不動産ならどこのエリアでも融資をするはずです。ＨＳＢＣで融資してもらい、カリフォルニアのオレンジ郡を中心に物件を買っている方を何人か知っています。もちろん、ベーカーズフィールドでも可能性が十分あるでしょう。

ただし、「４世帯まで」という縛りがあります。４世帯までの、４戸が入るアパートか、デュープレックスといって一つの屋根の下に２世帯が入る物件を２軒か、あるいは戸建てを４軒か。その組み合わせは自由です。

日系の金融機関・ユニオンバンク

ベーカーズフィールドにある金融機関で融資について尋ねると、どこも「難しい」というレスポンスが返ってきました。そのなかで日系の金融機関であるユニオンバンクからは、「預貯金が百万ドル以上あれば融資ＯＫ」という返事をもらいました。

ユニオンバンクは三菱ＵＦＪフィナンシャル・グループの子会社です。僕は融資を受けることはありませんでしたが、日常の取引では使い勝手がよくてお世話になっています。この点は後ほどご紹介します。

中華系の金融機関・キャセイ銀行、イーストウエスト銀行

いずれも中華系の金融機関です。

キャセイ銀行から融資を受けた人からお話を聞くことができました。自己資金は融資総額の4割を求められますが、交渉次第では3割でも可能性があるそうです。そこから2割に近づけられるかは本人の腕次第だといっていました。

その方の金利は30年間固定の5％でした。アメリカでは変動金利、固定金利の両方を選べますが、変動金利はおすすめできません。日本に比べて金利が非常に動きます。変動金利は危険というのが、こちらの一般的な認識です。

アメリカ国外の収入を主としている人は、税制や減価償却のルールなどの違いから、アメリカの融資基準とのすり合わせが難しくて融資に苦労します。そこでキャセイ銀行では、外国での決算申告内容に関連する資料を自行のルールで分析してお金を貸し付ける、ポートフォリオプロダクトローンにも対応しています。

イーストウエスト銀行もポートフォリオプロダクトローンを行います。外国人にお金を出すかどうか、自行のルールで審査が行われます。

両行とも、カリフォルニア州ではオレンジ郡とロサンゼルス郡に強いです。どちらも高額な物件が展開されているエリアですが、このエリアを狙う方は覚えておいて損はないと思い

ます。

日系の金融機関・マニュファクチャラーズ銀行

三井住友銀行系列のロサンゼルスにある銀行で、アメリカ西海岸エリアをカバーします。一見すると日本の銀行とはわかりませんが、三井住友銀行が100%出資する連結子会社です。

どのような条件であれば融資可能か？と問い合わせてみると、「法人でなければ取引できません」との返答がありましたが、先日、偶然この銀行のバンカーとお会いする機会があり、個人への融資についてヒアリングしたところ、カリフォルニア州内であれば1ミリオン（100万ドル）以上、州外であれば3ミリオン以上、期間30年（一定期間の固定は可能）で金利3%台から、頭金は25%が必要とのことでした。

個人でも規模があれば可能性があるようです。表に出ている情報がすべてではなかったわけで、そのような金融機関はほかにも必ずあるはずです。表の情報だけであきらめてしまうのはもったいないことで、丁寧に情報を収集していけば融資の道は開けます。

先ほど、ポートフォリオプロダクトローンに触れました。それ以外のおもだったローンについても、ここでご説明します。

ホームエクイティローン（HEL）

アメリカの物件を現金で購入した場合、もしくは融資で購入しても、返済が進めば物件に担保余力が出てきます。それを不動産担保ローンという形で活用する方法があり、アメリカではホームエクイティローンといいます。

所有するのが賃貸物件であれば物件価値の6割くらい、自宅であれば8割くらいのお金を借りることができます。家の現在価値は、不動産鑑定士に数百ドルを支払って算定してもらうことになりますが、この鑑定評価のことをアプレイザル（appraisal）といいます。

住宅ローンの次に金利が低くて、金融機関にもよりますが4～7%くらいです。**固定金利と変動金利があり、融資期間は最長で30年まで**選べます。

このホームエクイティローンの利用には注意したい点があります。

不動産投資をやっている人ならサービサー（債権回収会社）は聞いたことがあると思いますが、アメリカでは、その回収に入るスピードがお金を借りる金融機関によって大きな差があります。

サービサーからひどい取り立てを受けて、クライアントが夜逃げしてしまったという不動産業者からお話を聞きました。名が通っている金融機関だと債権回収はソフトなのですが、そうでない金融機関になるほどハードに行われます。これは債権回収を自社でやっているか、サービサーに投げているかの違いによるそうです。ローンの担当者に頼めば、どちらなのか調べることができるという話でした。他者に投げているから必ず取り立てがひどいというわけではないのですが、頭のすみには入れておいてください。

ホーム・エクイティ・ライン・オブ・クレジット(HELOC)

これも不動産担保ローンの一種ですが、一度に融資を受けるタイプではなくて、担保の価値に応じて、一定の限度額以内ならば必要なときに何度でも借りることができるローンです。お金の出し入れに使う専用のカードがあって、返済のタイミングも自由です。必要がなくなればすぐに返金することで、利息を抑えられます。日本の当座貸越に似ているかもしれません。

これと、先ほどのホームエクイティローンの両商品は、**申し込みにあたってアメリカでの確定申告書2期分を条件とする会社とそうでない会社がありますので、後者であれば日本居住者にもチャンスがある**でしょう。

なお、不動産を抵当に借入を行う場合は、アプレイザー(不動産鑑定士)による価格の査定が必須です。事前にお金をかけずに自分の物件価値を知りたければ、ポータルサイトZillowを活用します。

Zillowの「Z」を取って〝ゼスティメイト〟というのですが、物件の住所を入力すると現在

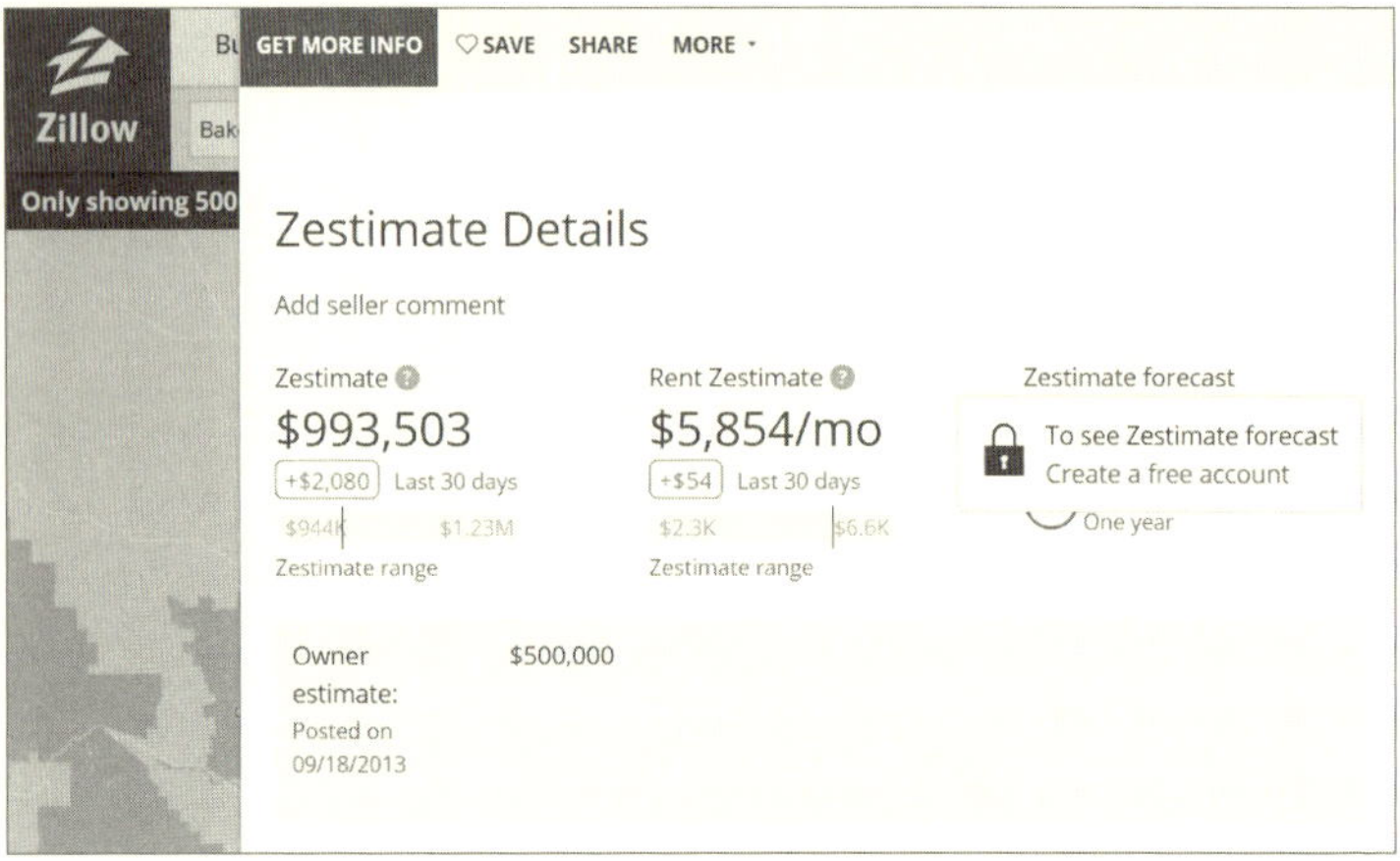

圧巻の情報量を誇る「Zillow」。
アメリカで不動産投資をする人なら間違いなく利用価値がある。詳しい使い方は第4章で。

の予測価値が出てきます。この数値は、これまでの売買事例、税務上の価値などさまざまなデータをCMAというデータ処理方法に基づいて計算しているそうで、一定の目安になると評判です。情報公開が進んでいるアメリカならではと思います。

ほかにも、プライベートマネーローンやハードマネーローンというものもあります。これらは民間で運用されており、借主の属性は関係なく、担保に応じて融資が行われます。特徴としては、物件価値に対する融資割合が小さいこと、融資期間が短いこと、金利が高いことが挙げられます。お金は借りられますが、あくまでも一時しのぎ的な利用に限られると思います。

アメリカの住宅ローン

アメリカで住宅ローンを組もうとすると、○○モーゲージや△△ローン会社など、いろいろな会社があるのですが、そこで何をしているのかといえば、実は住宅ローンを取り扱う金融機関に取り次いでいるだけです。

住宅ローンを大別すると、①Conventional loan、②FHA loan、③VA loanの3つがあります（詳しくは144ページで取り上げます）。

①はファニーメイ社とフレディマック社で構成されていて、投資用にも対応します。両社とも、もともとは政府機関だったのですが、半世紀ほど前に民営化され、サブプライムショック以降、再び政府の管理下に置かれています。

②は政府系の住宅ローンで、標準的なレベルの住宅が対象です。4世帯までの共同住宅にも対応しています。

③は退役軍人とその家族向けの政府系住宅ローンです。

①・②・③は、いずれも**アメリカ居住者に向けたもの**です。サブプライムショックを契機に大きくルールが改正され、例外はなく厳格に運用されています。

「遠隔コントロール」の壁

〝壁〟の最後は遠隔地からの物件コントロールについてです。日本の大家さんが、チームづくりも含めて、日本からアメリカの不動産をコントロールすることはできるのでしょうか。これは物件を購入することと同じくらい重要なポイントで、投資の成否を決定づけるといっても過言ではありません。

日本でもアメリカでも同じで、物件を購入したあとは管理会社を中心としたチームが経営の要となります。管理会社には不動産税や火災保険料の支払いなども含めて相談可能で、購入後のリモデルをお任せすることもできます。彼らは、その地域で求められる設備や内装を熟知しています。

僕の場合、2012年12月に1軒目の戸建てを購入してから2014年4月に移住するまでの期間は、客付けから退去までのすべてが遠隔操作でした。期間にして1年5カ月です。

一度冬シーズンにガス温水器が故障しましたが、僕がしたのは報告を受けて、管理会社のアドバイスに従って意思決定したことだけです。「やっぱり外国人オーナーは残念だ」と、入居者の信頼を損なうようなことはなく、無事に修理を終えられましたが、必要だったのはメールのやりとりだけです。

このように**管理会社はオーナーに代わって経営を遂行できます。微細なところもアレンジ次第です。**それを任せることができる管理会社を見つけて、信頼関係を築くことに尽きると思います。

これに関連するお話を一つ。管理会社が収納した家賃は毎月オーナーに送られてくることになりますが、その受け取りには現地の金融機関で口座を開設しておくと便利です。

カリフォルニア州ならユニオンバンクがおすすめです。三菱東京UFJ系列で、本店はカリフォルニア州サンフランシスコにあります。同州をはじめオレゴン州、ワシントン州、ニューヨーク州で、400店以上からなる支店網があります。日系金融グループの在米銀行としては最大規模です。

いざというとき日本人に対応してもらえることは大きな安心になります。遠隔操作をするなら、このユニオンバンクのことは覚えておいてください。

口座開設の申し込みも日本にいながらできます。三菱東京UFJ銀行が代行していて、手数料は無料です。また、日本の郵便局のATMから1日500ドル相当までおろせます。

物件の購入に際しては必ず英文の残高証明書が必要になりますが、日本の銀行に依頼すると半月近くの日数と手数料がかかるところ、ここならネットバンキングのページからダウンロードしてプリントアウトすれば証明書になります。

気をつけたいのは、アメリカの銀行法では、**一定期間を超えて能動的なお金の移動が認められないと、休眠口座に移行されて、それでも動きがないと預金が没収されてしまう**こと。

ユニオンバンクでは、小切手帳が発行できるチェッキング口座だと12カ月間、利子がつくセービング口座だと18カ月間を過ぎて自らの意思に基づくお金の移動がないと凍結となります。さらに3年後には預金が州に没収されてしまいます（カリフォルニア州の場合）。

これを防ぐには、ネットバンキング機能を使用してチェッキングからセービング、あるいはセービングからチェッキングに、期限内に1回でもお金を移動させればOKです。これにともなう送金手数料は0円です。実は日本にも商法上の消滅時効という制度があるのですが、その期間はアメリカよりも長く設定されています。

コラム

保険の考え方はこんなに違う

アメリカでも火災保険に加入するのが一般的です。免責額の設定を少なくすれば保険料がアップする仕組みも日本と同じです。

それから「ホームワランティ」という保険をかけることができます。火災保険は建物にかける保険、ホームワランティは住宅設備や家電にかける保険で、任意で加入します。僕は2軒目の物件で、年間の保険料が600ドル程度のホームワランティに加入しました。

冷蔵庫、温水器、ストーブ（コンロ）、エアコンなどが壊れた場合に、75ドルを負担すれば修理代を補償してくれる保険です。

一度、お風呂の配水管が詰まって水があふれたという報告が管理会社からあり、火災保険を使うことにしました。「クレームを上げてください」とお願いしたところ（保険請求することを「クレーム」といいます）、保険会社から、「パイプの古さが原因であって、補償の対象にはならない」という返答がありました。

日本では、保険金が出る出ないにかかわらず、保険請求にお金はかかりませんし、ペナルティもありません。ところがアメリカでは、保険金がおりない場合にクレームを上げてしまうと、「おりないものに対してクレームを上げた客」ということで、一定期間履歴が残ってしまいます。すべての会社がそうなのかはわかりませんが、次回から保険料が上がってしまうといわれました。

それを聞いた僕は保険会社を変えることにしました。保険請求を行った履歴は他社に共有されないので、他社に加入する分にはまったく問題ないのですが、有利な保険会社、安い保険会社を探していくと、結局、最初に加入していた保険会社に行き着くことになってしまいました。

いったん別の保険会社と契約していたものの、「再度加入したい」と申し出たところ、「一度クレームを上げた物件について、3年間、あなたは当社の保険に入れません」といわれてしまいました。４年目からは加入できるそうで、いまは待ちの状態になっています。

日本では、クレームを上げた結果、現地調査を行うなど手間や費用がかかっても、保険会社は損害を受けたというふうにはとらえませんし、調査の結果、保険金が出ないとなれば、それでおしまいです。何度保険を使っても保険料が上がることもありません。日本とアメリカでは保険の考え方について大きな違いがあります。

interview
現地のプロに聞いてみた!

ローンオフィサー

クリスティーン・ヘイワードさん

Christine Hayward

――まずはキャリアから教えてください。

２００４年に、ロサンゼルス群北中部のパームデール市にある銀行に勤務したことが金融業界にかかわる発端になりました。まだ専門が定まっていませんでしたが、先輩たちの仕事を目の当たりにして融資を専門に扱うローンオフィサーに興味がわいてきて、半年後にはモーゲージカンパニーへ転職しました。モーゲージカンパニーは、住宅の購入希望者と金融機関との仲介を行う会社で、自ら資金の貸付業務を行っている場合もあります。

転職当時は住宅価格が高騰を続けているさなかでした。融資条件もいまとは比べものにならないほどゆるくて、タックスリターン（確定申告書）や資金源の証明がなくても誰でも借りられるような状況でした。標準的な貸出金利は６・５％前後からで、組み合わせ次第ではフルローンも可能でした。しかし２００７年７月にファイナンシャルクライシスが起こると、それまでの経済環境が一変。会社が倒産して多くの人がローンを払えなくなり、不動産価格も暴落したことはご存じのとおりです。私も失業して、およそ２年間、父が所有する16軒の不動産の管理を任されました。クリーニングから客付け、クレーム対応、修繕の手配、退去までの貸家業にまつわる一通りを経験し、おかげで不動産についての理解が深まりました。

2010年からローンオフィサーに返り咲きますが、アメリカは先の経済クラッシュから多くを学び、融資についてのルールを厳格にしたので、かつて私が経験してきた融資のノウハウはまったく使いものになりませんでした。具体的には、「Pay Stub」(給与明細)や銀行の口座明細、クレジットヒストリーも重要な評価ポイントとなり、さらに過去2年分の確定申告書も必要になりました。

融資に関するルールは毎年のように大きく改訂を続けていて、ローンオフィサーという職業は変化するルールを常にキャッチアップしていかなくては務まりません。優秀なローンオフィサーになる方法はただ一つ、勉強を続けて進化していくことです。

——ローンの種類を教えてください。

少し長くなりますが、一つひとつご説明します。

❶Conventional loan(普通貸付)

ファニーメイ(連邦住宅抵当公庫)、フレディマック(連邦住宅金融抵当公庫)の2つによる貸付が該当します。

はじめての自宅購入者は物件価格の3%の頭金があれば、2回目以降は5%の頭金があれば、別荘は10%の頭金があれば融資可能です。投資用なら2軒目まで15％からの頭金、3〜5軒目は25％からの頭金、6軒目以降は30％からの頭金が必要です。最大10軒までの融資に対応します。ちょっとしたワザとして、通常は夫婦共有名義にするところを別名義にすることで、最大20軒まで利用することができます。

月々のローン返済をはじめとしたすべての支払いを収入の45％以内に収めなければいけません（ジャンボローンと呼ばれる高額な住宅では43％以内）。金利は固定と変動があり、融資期間は最長30年です。

❷FHA loan（政府系住宅ローン）

最低3.5％の頭金があれば融資を受けられます。地域により利用額の上限が設定されていますが、対象になるのは標準的なレベルの家です。共同住宅の1戸を自宅とするなら4世帯が入る建物まで対応します。月々のローン返済をはじめとしたすべての支払いを収入の50％以内に収めなければいけません。金利は固定と変動で、最長融資期間は30年です。

❸VA loan（政府系住宅ローン。退役軍人とその家族への貸付）

最低0％の頭金から融資に対応します。固定金利と変動金利があり、融資期間は最長30年です。

この❶・❷・❸がアメリカで最もメジャーな融資です。本日の当社経由の最優遇金利は3.625％。毎日変わるものですが、過去4年間はほぼ同水準で推移しています。

❶・❷・❸を利用して自宅を購入する場合、

民間よりも有利な条件で融資を受けられますが、融資実行後60日以内に引っ越しを完了させること、そして最低1年以上の自己占有を満たさないと契約反故となり、悪くすると刑務所送りになることもあるので注意が必要です。

❹Private Money loan（個人の不動産貸付）

不動産担保ローンです。借り手の属性は審査しません。担保価値に対する融資割合は小さく、期間は短く、金利は高めです。外国人にも可能性があります。より組織化された不動産貸付はHard Money loanといいます。

❺HEL（政府系・銀行系・民間系あり。不動産担保ローン）

固定金利で、融資期間は最長30年。担保価値に掛け目を入れた金額を最初に借り受けて、毎月決まった額を返済していきます。通常、自宅なら8割前後、貸家なら6割前後が貸出の上限になります。

途中で担保価値や金利環境が変わっても、その影響を受けないクローズエンド型です。住宅金利控除を受けられるメリットがあります。すでに住宅ローンを利用中の場合は、未返済残高を担保価値から差し引いたもので計算します。使途は問われません。米国外居住者も融資の可能性があります。

❻HELOC（政府系・銀行系・民間系あり。不動産担保ローン）

物件を担保に、あらかじめ算出した貸出可能額を上限として何度も借入を繰り返すことができるリボルビング形式。

変動金利で、返済条件はさまざまです。すでに住宅ローンを利用中の場合は、未返済残高を担保価値から差し引いたもので計算します。使途は問われず、米国外居住者にも融資の可能性があります。

❼Direct Lending loan（民間金融会社の不動産貸付）

おもに小規模の資金需要に対応したローン。貸し手は、自社の資金や銀行などから調達した資金を貸出で運用して利益を得ます。借り手の条件は住宅ローンに準じるため、Private / Hard Money loanよりも厳しく、その分金利が低くなります。購入する物件を担保に融資が行われます。米国外居住者にも融資の可能性あり。

❽Portfolio Product loan（銀行系・民間系あり。不動産貸付）

貸し手は自身の資金を運用してリスクを負います。取り扱い金額が大きくて、融資期間が短い傾向があります。物件を担保に融資が行われます。米国外居住者にも融資の可能性あり。

❾Reverse Mortgage loan（政府系・銀行系・民間系あり。年金型住宅ローン）

お年寄りが物件に住み続けながら、その物件を担保に借入をします。亡くなるか、引っ越すときに家を売却してローンを精算します。

❿Commercial loan（銀行系・民間系あり。事業者ローン）

オフィスやショッピングモール、工場やア

パートなどの事業への融資で、大きな資金需要に対応します。一般的に融資期間は短く、借り換えや再融資を視野に入れて利用されるケースが多いです。

――融資の条件変更はできますか？　また繰り上げ返済はどうでしょうか？

条件変更はできません。リファイナンスといって借り換えが条件変更の手段となります。繰り上げ返済は、いつでも可能です。基本的にペナルティはありません。

――もしも住宅ローンの返済が滞るとどうなりますか？

最大猶予は6カ月で、それから担保権の実行に移行します。先のファイナンシャルクライシスでは、差し押さえの処理が追いつかず、追い出されることなく2年間もタダでもとの家に住み続けた人の事例が多数報告されました。その間に新たな資金を貯めた人もいれば、住宅ローンの支払いをしなくても結局自己破産に至った人もいて、混乱した状況でした。

――一言でいうとローンオフィサーはどんな職業となりますか？

融資のアレンジをする仕事です。会社勤めと独立系があって、会社勤めは取り扱い商品がその会社のものだけに限られますが、独立系はさまざまな金融機関が提供するローンをアレンジできます。後者は免許を維持するために毎年200ドルかかります。定められたカリキュラムを受講して、知識の更新とブラッシュアップを毎年行わなくてはいけません。

――ローンオフィサーの報酬を教えてください。

最低額はローン実行金額の1％です。細かい数字は会社によって異なりますが、最大で1・75％となっています。ファイナンシャルクライシス以前は5％の設定もあり、利息の一部も報酬になっていましたが、現在は禁止されています。

――ローンをおろすまでの所要期間は？

シンプルなケースだと20日間でも可能ですが、標準的には30日間、込み入った場合は45日間くらいがいちおうの目安です。最大限の努力をしてもローンがおりないこともあります。その場合のおもな原因は、頭金となる資金源の証明ができない、収入に対する支出のバランスが条件を満たさないなどです。

――これまでに経験したトラブルを教えてください。

あるとき、融資のアレンジを進めている途中で金利が変わってしまい、0・5％も大きく上昇してしまったことがあります。時間を費やして精査を完了して、融資条件をロックする直前でしたが、再度精査するとなると時間がかかりすぎてしまい売買が流れてしまいます。そのため会社の利益を削って、上昇前の金利で対応しました。

こうした対応は普通は難しいのですが、自信と熱意をもってクライアントのためにこの局面の打開に当たりました。儲けよりもクライアントの幸せを優先してくれた会社には感謝しています。

——住宅ローンでアパートを購入することはできますか？

はい、4世帯までの共同住宅なら住宅ローンで購入できます。必ずそこに自宅として住むことが条件になりますが。1戸を自宅にして、残りを賃貸に出すことは問題ありません。

購入した物件に60日以内に転居して、1年以上住めば、その後新たに住宅ローンを組んで別の住居に引っ越すことも認められます。ただし政府系のFHA loanの場合は、新しい自宅はもとの自宅から100マイル（約160キロ）以上離れていなければいけません。

——先ほど「資金源の証明」という言葉がありました。これは具体的には？

アメリカでは、すべてのお金の出所を証明する必要があります。サラリーとして口座に振り込まれたものはその流れが明白ですが、何らかの一時金など唐突に口座に入金された資金は、そのお金の詳細な説明が求められます。タンス預金など説明が難しいものは資金源として認められません。マネーロンダリングや脱税など不正による蓄財を防いだり、麻薬資金やテロ資金を排除するという当局の強い意向が働いています。

――こちらではサブプライム問題によって自己破産した人が大勢いると聞きました。自己破産した人が新たにローンを組むことはできるのでしょうか?

FHA loanは、自己破産から2年間経過していれば可能です。Conventional loanは4年間、VA loanは1年間が経過していれば問題ありません。これらは政府系ローンの話です。民間金融機関の場合には信用回復までもう少し時間を要します。

――アメリカで生活したり投資したりしていると「クレジットヒストリー」という言葉を頻繁に耳にします。これについて教えてください。

アメリカにはクレジットスコアといって、クレジットカードの使用状況から各人の信用度を数値化する仕組みがあります。カードの使用実績や返済履歴、カードの枚数や使用期間の長さ、借入残高などがスコアに反映されていきます。最もメジャーなＦＩＣＯスコアの場合、３００から８５０の範囲で表されて、６８０が平均で、７４０以上あれば最優遇金利での対応になるといわれています。

融資の可否や優遇金利の有無、入居審査や就職など幅広く影響してきます。それら信用情報の履歴がクレジットヒストリーと呼ばれます。

――クレジットスコアをよくするコツはあるんでしょうか?

カードの枚数が多いのはダメで、3種類を所有してまんべんなく使うといいといわれています。そして、返済期日を厳守すること、カードの利用は与信枠の最大25％以下に抑えることがコツです。ローンの申込みはたとえ仮審査であっても履歴に残り、24カ月以内に多くの信用照会があるとマイナス評価になるので注意してください。小額でもカードを利用するくせをつけて、長く持ち続けることで高評価に近づくことができます。

第4章

海外サイトの見方
&
目の付けどころ

頼れる！　3つの不動産情報サイト

この章では、アメリカ不動産投資のリサーチに欠かせない不動産情報サイトについてご説明します。

アメリカを代表する不動産サイトは、**MLS**（Multiple Listing Service）、**Zillow**（ジロウ）、**Trulia**（トゥルーリア）の3つです。

MLSはブローカーたちが構築した情報システムで、利用できるのはリアルターなどの不動産業者と、そのクライアントに限られます。

ZillowとTruliaはMLSから一部データの提供を受け、それを独自に発展させたポータルサイトです。オープンプラットフォームで、誰でも利用することができます。

海外サイトはあまり慣れていないという方も多いと思いますので、活用のための手順を一つひとつ説明していきます。そのうえで、それぞれのサイトを使ってどこを見ているのか、僕なりの着眼点もお話ししたいと思います。

使いやすさNO．1！ Zillow

目を付けた物件の住所でグーグル検索すると、必ず検索結果の上位に表示されるのがZillowです。このサイトの特徴は、**物件情報をさまざまな角度からキャッチできるように工夫されていること**。課税評価額や税額も表示されますし、物件が属する学区とそのレベルもわかるようになっています。

ここからは、Zillowのトップページから入って、ベーカーズフィールドの賃貸物件を検討するという想定で、Zillowの使い方をご説明していきます。

Zillowで条件を指定する

グーグルで「**Zillow**」と検索すればトップページが出てきます。

物件の購入が目的ですから、メニューのなかから「**Buy**」を選びます（図1）。検索窓が表示されるので、ZIPコード（アメリカの郵便番号）か街の名前を入力します。ここでは、

図1 トップページのメニューのなかから「Buy」をクリック。

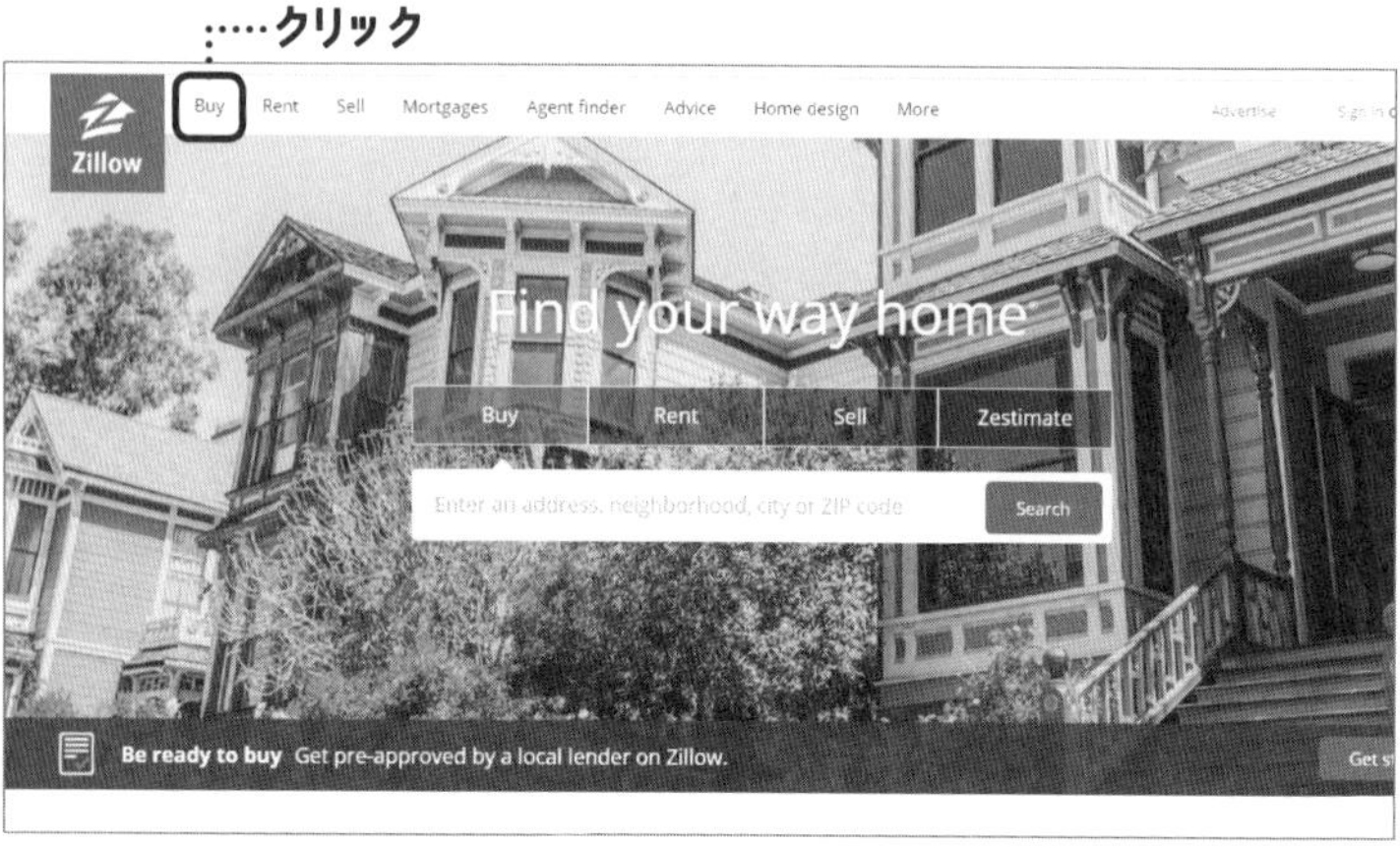

図2 検索窓に街の名前を入力して(ここでは「Bakersfield, ca」)、虫眼鏡アイコンをクリック。

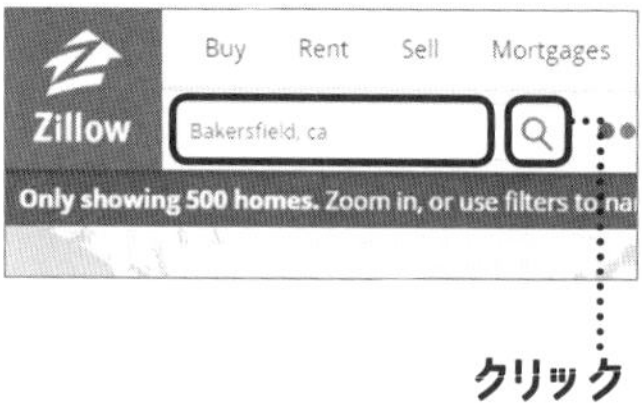

図3 メニューの「LISTING TYPE」をクリックするとチェックボックスが出てくる。「FOR SALE」のみにチェックを入れる。

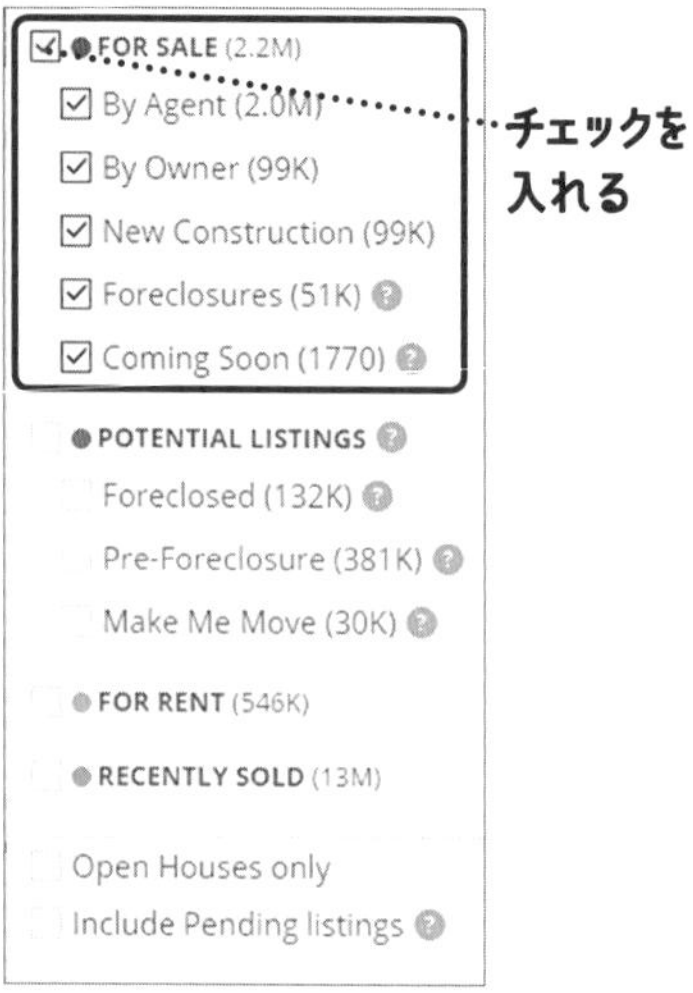

「**Bakersfield, ca**」（カリフォルニア州ベーカーズフィールド）と入力して虫眼鏡アイコンをクリックします（図2）。

検索窓の横に「LISTING TYPE」というメニューがあります。「▼」をクリックするとチェックボックスがたくさん出てきますが、ここで必要になるのは「**FOR SALE**」のみです。これをクリックすると、5つのチェックボックスに自動的にチェックが入ります（図3）。5つのチェックボックスの意味は次のとおりです。

- By Agent　↓　リアルターの掲載物件
- By Owner　↓　オーナーが自分で掲載した物件
- New Construction　↓　新築物件
- Foreclosures　↓　差し押さえ物件
- Coming Soon　↓　近日中に公開される物件

5つのうち必要なのは「**By Agent**」と「**By Owner**」の2つです。それ以外のチェックは外しておきましょう。

次に、「ANY PRICE」というメニューで金額を指定します。たとえば、下限「7万5000ドル」で、上限「17万5000ドル」と指定すると、「**$75K − $175K**」と表示されます

図4

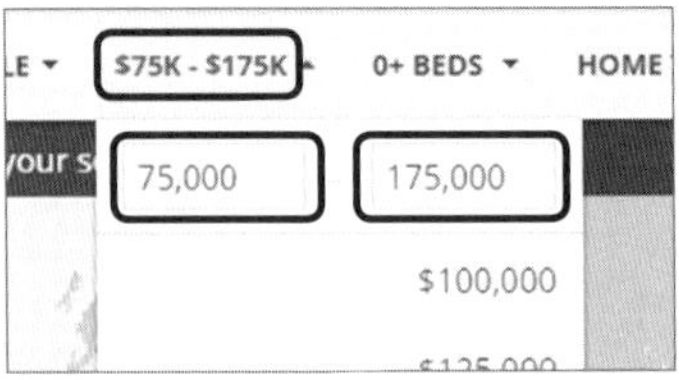

「ANY PRICE」で、希望する物件価格の下限と上限を指定する。

図5 「0+BEDS」で「3+」をクリックして、ベッドルームが3以上の物件に絞り込む。

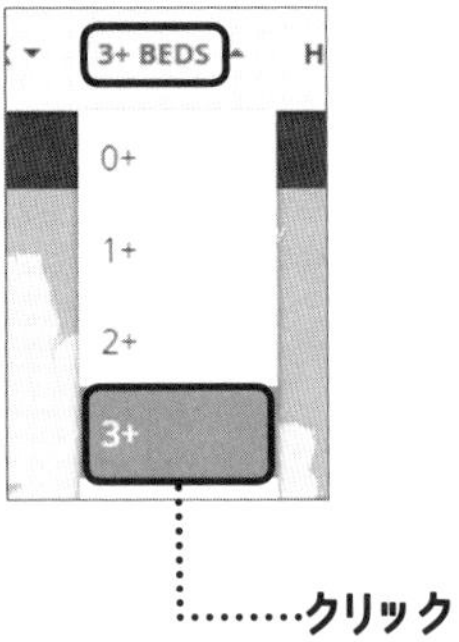

図6 「HOME TYPE」では「Houses」にチェックを入れる。

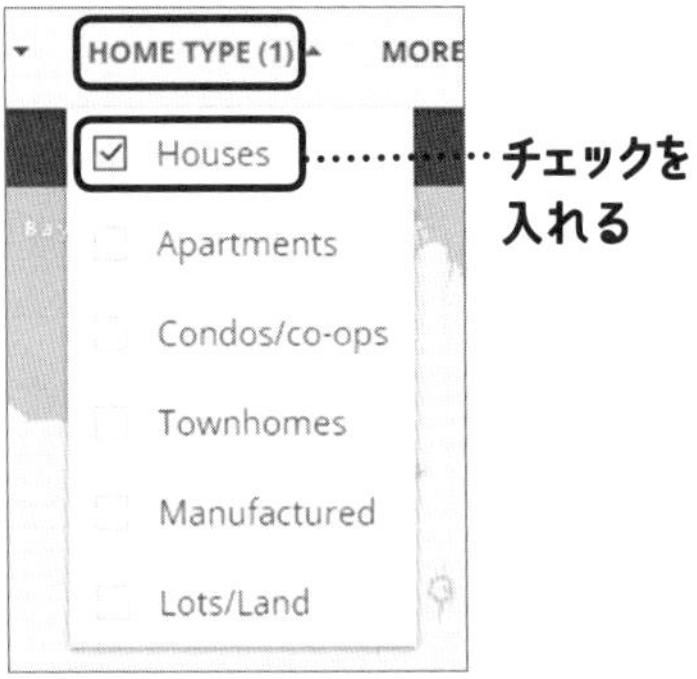

（図4）。「K」はゼロ3つを表しますから、7万5000ドル〜17万5000ドルという意味になります。

メニューの「0+BEDS」で間取りを指定します。僕の狙い目は3ベッドルーム以上です。**「3+」**をクリックすると、ベッドルームが3以上の物件に絞り込まれます（図5）。その横のメニュー「HOME TYPE」は、戸建て物件をターゲットにするので**「Houses」**にチェックを入れます（図6）。

メニューの「MORE」ではいくつかの項目について細かく指定できます（図7）。

まず「Baths」で、お風呂とトイ

アメリカではスクエアフィート

Square Footage
Square Feet
SqFt
Sq.Ft.
sqft
ft2
ft²

表記が違うだけで、同じ意味の面積を表す単位。
アメリカでは平米(㎡)ではなく、スクエアフィート(sqft)を使用する

1sqft＝0.093㎡

↓

1,200sqft＝111.6㎡

図7　「MORE」でさらに検索条件を指定して、最後に「Apply」ボタンをクリックする。

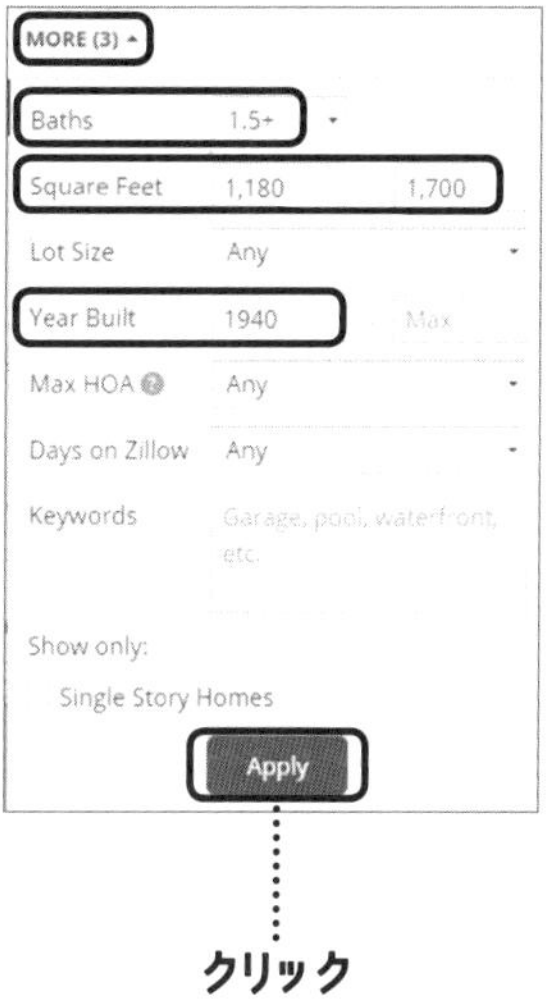

レのセット数を指定します。僕の狙い目は2セット以上ですが、うち一つはシャワーでもOKとしています。ここでは「1.5+」を選びます。

「Square Feet」(スクエアフィート)で、建物の延べ床面積を指定します。下限を「1180」にします。僕の狙い目は1200以上ですが、1180以上であれば1195も入ってきます。また、広すぎて投資効率を損なわないように上限は「1700」とします。

「Lot Size」で敷地面積を指定します。これは指定ナシでかまいません。「Year Built」で建物が竣工した年を指定します。古すぎると費用が

図8　条件に合致する家々が地図上に赤い丸印となって表示される。
丸印をクリックすると詳細情報を見ることができる。

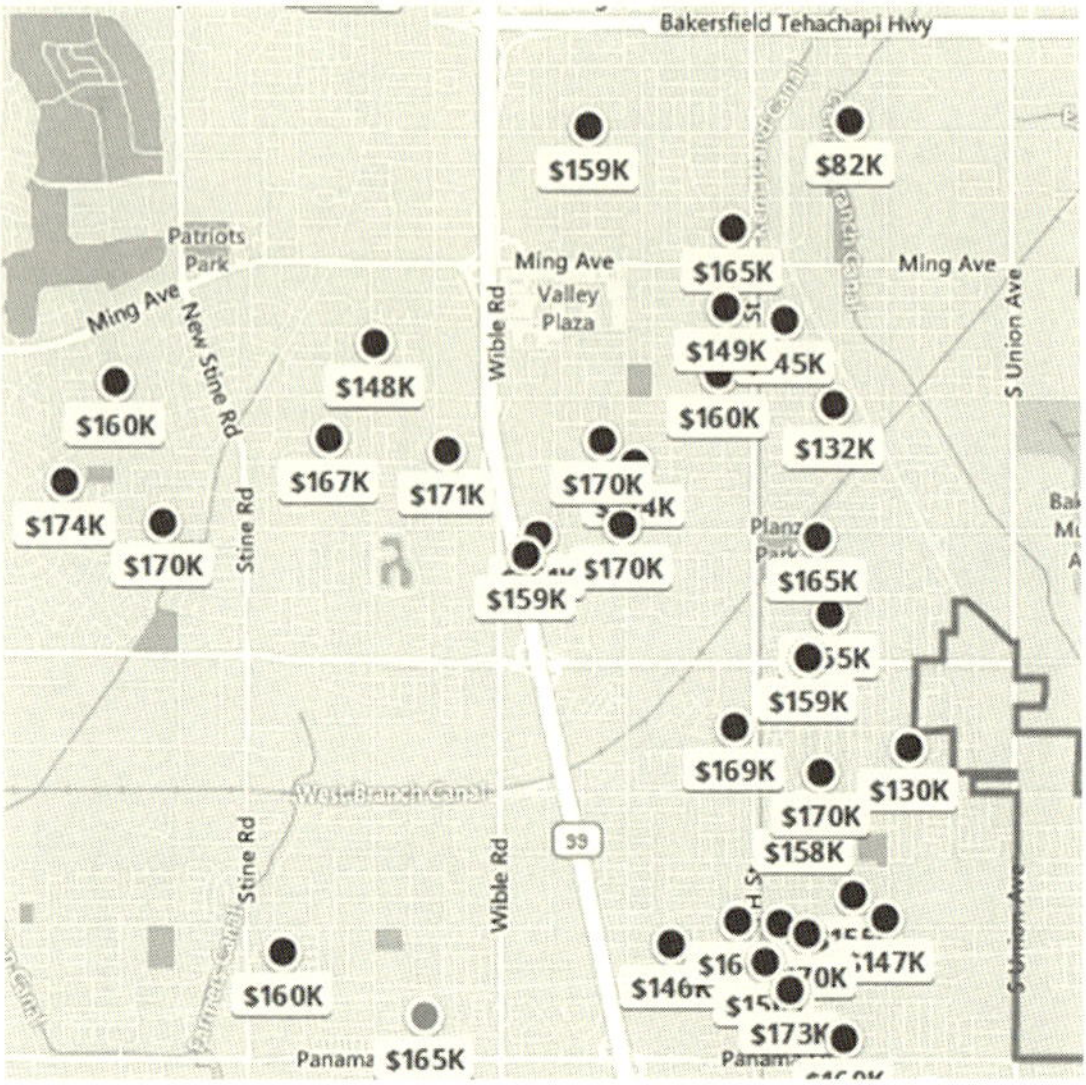

かさむので、「1940」年以降とします。
「Days on Zillow」で、Zillowに掲載されている最長期間を指定します。指定ナシの「Any」でOKです。「Keywords」では駐車場の台数やプール付きなどを指定できますが、入力しなくてかまいません。
ここまで条件設定をしたら一番下にある「Apply」ボタンをクリックしてください。「Apply」ボタンをクリックすると表示される地図上の赤い丸は、入力してきた条件に合致する家々です(図8)。赤丸をクリックすると詳細情報が表示されます。

Zillowで絞り込んでいくときの目の付けどころ

詳細情報のなかの物件住所の下に「××beds・××baths・××sqft」と表示があり、間取りと広さを確認できます（図9）。僕の条件は、**3ベッドルームでバスルームは1・75以上、延べ床面積は1200sqft以上**です。この部屋数と広さだと競合が少なくて人気が高く、家賃1200ドル前後をいただきやすいからです。ここベーカーズフィールドではテッパンの条件です。

下のほうにスクロールすると、**「Zestimate」**（ゼスティメイト）

図9

物件の詳細情報の上部で、間取りと広さを確認できる。

図10

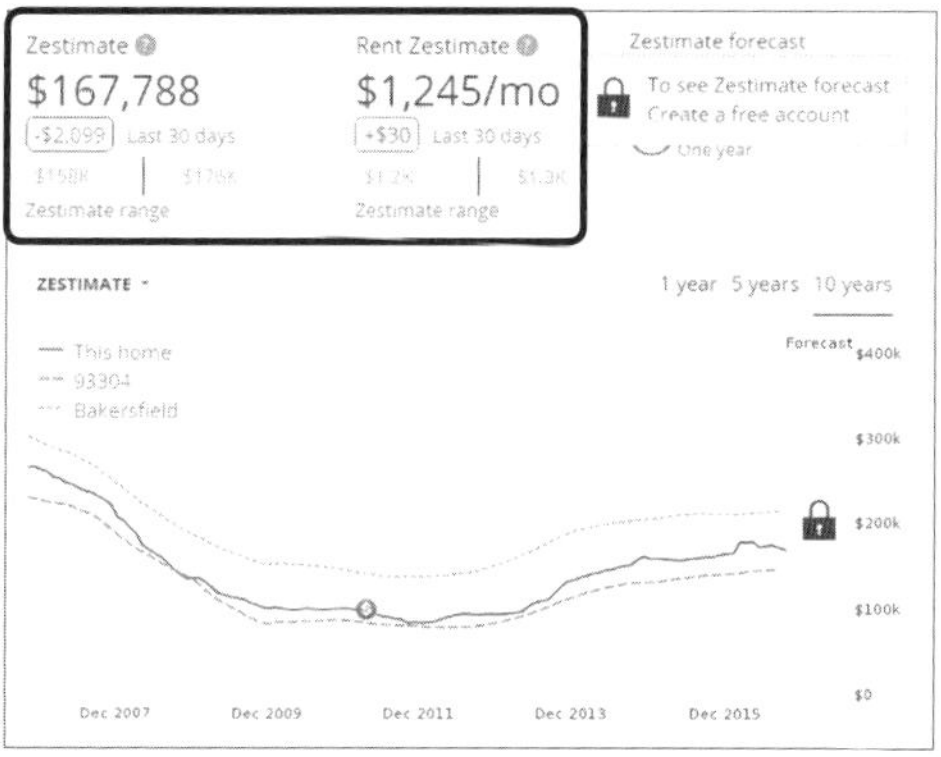

「Zestimate」は物件の売買価格の予測値、「Rent Zestimate」は月あたりの賃料の予測値。

とあります（図10）。これはZillowによる物件の見積もり価格です。ゼスティメイトは近隣の売買事例などをもとにはじき出していてかなり参考になりますが、個々の物件の強みと弱みで足したり引いたりの調整は必要です。昔からやっている人のなかには「ゼスティメイトは一切信用しない」という人もいますが、精度がいまひとつだったころのことを引きずっているのかもしれません。

「FACTS」は物件の仕様です（図11）。確認すべきポイントは次のとおりです（物件ごとに表示される項目・表示されない項目があります）。

Baths

先ほど「1・5＋」で条件検索しました。1・5の「1」はトイレと洗面台とバスタブ、「0・75」はトイレと洗面台とシャワータブ（バスタブがなく、立って浴びるシャワー室）です。「0・5」はトイレと洗面台、「0・25」はトイレを表します。本来の条件は「1・75以上」なので

図11

「FACTS」では物件の仕様が示される。表示される項目は物件ごとに異なる。

すが、Zillowでは「1・75+」は選べないので「1・5+」の条件で検索しています。

Lot

敷地面積のことで、単位はsqftもしくはacre（エーカー）で表示されます。僕の場合は、ベーカーズフィールドでは**5000sqft～1万sqft**と決めています。3000sqftや4000sqftになると、**バックヤードがない家もあります**。

日本人からすると、フロントヤードでもバックヤードでも庭があれば十分となりますが、こちらの感覚では、両面の庭がしっかり備わってこそ家の価値が出ます。フロントヤードは囲いがなくて誰でも入ってこられるスペースであるのに対して、バックヤードは塀やフェンスがめぐらされているのでプライベート空間になることが魅力です。

Single Family

戸建て住宅のことです。僕は、SFH（シングルファミリーホーム）＝一戸建て、もしくはSFR（シングルファミリーレジデンス）と表記されている物件に絞って検討しています。

Built in

竣工した年です。「Built in 1969」なら「1969年に建ちました」ということです。

xxx days on Zillow

Zillowに掲載されている日数です。「400 days on Zillow」なら「1年以上売り物件として掲載されています」となり、引き合いが乏しいということです。

Cooling・Heating

冷暖房装置についてです。エアコンは、「Central A/C」（Central Air Conditioners）もしくは「HVAC」（Heating, Ventilation, and Air Conditioning system）などと表記されます。**非常に高価で、かつ客付けを左右するもの**なので重要視しています。

Central A/Cは、本来は1台で建物全体を賄う冷房装置のこと。ただし、一般的には冷房に加えて暖房機能も備えた装置を指します。HVACは、建物全体の暖房と冷房、送風を1台で賄う装置です。

それ以外では、「Swamp/Evaporative/Wet Air/Desert-Cooler」はすべて同じものを指していて、これは冷風機です。値段が安いのが特徴です。「Forced air」は、窓用冷房機やオイルヒーター、ガスヒーターなどをまとめてこのように表記することがあります。

古い家はエアコンが付いていなかったり、冷風機だけだったりします。冷風機は扇風機の一種で、空気を濡らしたフィルターにくぐらせて、ほんのり冷たい風が出てきます。盛夏には45度を超えてしまうベーカーズフィールドではエアコンが必須で、冷風機はあれば便利くらいのものです。物件にあると入居者の電気代が安くなりますが、オーナーにはメンテナンス費用がかかってくるので、投資家には敬遠されることが多いようです。

エアコンの交換や新設には、思いのほかコストと手間がかかります。エアコン本体だけなら2000〜3000ドルくらいで手に入りますが、巨大なエアコンを支える専用台や、すべての部屋にダクトを通すこと、またその工事には行政のインスペクションが必要で検査費用もかかります。暖房用にはガス工事も行わないといけませんので、規模にもよりますが、**新設だと100万円以上の覚悟が必要**です。

エアコンは値が張りますので、すでに導入済みで、かつ正常に動作している物件を選択するのが賢明です。

「FACTS」の下には、「FEATURES」（物件の特徴）があります（図12）。とくに確認すべきポイントは次のとおりです。

Parking

駐車場のタイプや駐車台数についてです。**車庫タイプで2**

図12

「FEATURES」で、駐車場、暖炉、芝生についてチェック。

台とめられることが僕の条件で、これはかなり優先順位を高くしています。「Detached」か「Attached」のどちらかが書かれています。「Detached」（デタッチド）は母屋の別棟に設置されたガレージのことで、「Attached」（アタッチド）は母屋と屋根を共有する建物内に設置されたビルトインガレージのことです。駐車場内部に屋内へ続く出入口があるため、安全かつ便利で人気があります。

2台分とめられるのは、４００sqftくらいからのガレージです。こちらではガレージが物置を兼ねていて、広いほど有利です。

Attachedのほうが人気ですが、Detachedがダメというわけではありません。Detachedの場合も2台分という条件は同じで、４００sqft以上を選びます。

Fireplace

暖炉です。暖炉が付いているかどうかも魅力づけのポイントになります。

これまでの経験からいえば、貸家ですので暖炉がなかったとしても、さほど影響はないと思いますが、暖炉のある・なし以外まったく同じ条件の物件を入居者が比べるとしたら、見栄えのいい暖炉のある家が選ばれるでしょう。ただし、暖炉があることで賃料が変わってくるかといえば、それはほぼないと思います。

Lawn（ラウン）

芝生です。やはり芝の庭が好まれます。芝生の手入れがなおざりだったり、何も植わっていない庭もあるのですが、それでは家の雰囲気も価値もガタ落ちです。

アメリカで家を高く売ろうと思ったら、まずプロにアドバイスされるのは、「芝生をグリーンに！」です。これでまったく印象が違います。これは入居付けする場合も同じです。芝生は種から育てるほうが安いのですが、できあがった天然の芝生を敷く方法もあります。

地中に設置したスプリンクラーで自動的に水まきをしますが、古い家になるとスプリンクラーが壊れていたり、地面が剥き出しの庭だとそもそも設備がない場合もあります。スプリンクラーの設置には２０００ドルくらいを見ておく必要があります。

「FEATURES」の下には、「CONSTRUCTION」（物件の構造物）があります（図13）。

図13

CONSTRUCTION
- Exterior material: Stucco
- Room count: 6
- Stories: 1
- Structure type: Other

アメリカ地方都市の戸建てでは、「Stories:1」=「1階建て」が常識的。

Stucco（スタッコ）

この表示があると、外壁の仕上げが化粧漆喰ということを表します。

色を混ぜ合わせたものをカラーコートスタッコといいます。**できるだけ化粧漆喰の物件を選ぶようにしています。**

化粧漆喰は、見た目がよくて重厚感があり長持ちするのでアメリカでは好まれています。また再施工も容易で、新品同様に生まれ変わらせることができます。ほかには、ひび割れしにくいゴム入りの塗装仕上げもありますが値段は高くなります。ウッドサイディングと呼ばれる板張りですと、家のグレードが下がります。ほかには「Brick」（レンガ）がありますが、コストが高くつくせいか、ベーカーズフィールドではあまり見かけません。

Single Block

1930年以前に建てられた家のなかには、木の代わりに躯体がブロック塀と同じ素材でつくられている家もあります。アメリカでは、それを「Single Block」（シングルブロック）と呼ぶのですが、日本流に言い表すと〝ブロック造〟です。

いまは、2×4インチの柱で枠組みをつくり合板で覆ってしまう工法（日本でいうところのツーバイフォー）が主流です。シングルブロックのような昔のつくりの住宅はあまり見かけませんし、あえて選ぶ理由もありません。

Stories

「Stories:1」は1階建て、「Stories:2」は2階建てです。

僕は**1階建ての物件に絞っています**。平屋にこだわるのは、わざわざ2階まで昇り降りするのは面倒で、平屋のほうが住みやすいからです。

地価が高い大都市圏では2階建てや3階建ての戸建てもありますが、それは仕方がないからで、田舎に行けば行くほど基本は平屋です。ただし、最近建てられた築年数の新しいものは土地が狭くなって2階建てになる傾向があります。総額が安くなる分、売りやすいのですが、住みやすさでいえば平屋です。

「CONSTRUCTION」に続く各項目についてご説明します。

Zestimate

図10に示したとおり、当該物件の過去から現在に至る価格の推移が折れ線グラフで表示されます。Zillowによる予測価格、過去に実際に売買された金額のほか、同じエリアにある家々の平均価格の推移、街全体の物件価格の推移もわかります。

Rent Zestimate

Zillowによる賃料の予測値です。

物件に備わっている設備によって賃料は変わりますから、この数値には誤差があると思います。たとえばサッシがシングルなのかペアなのか。こちらでは新しく建つ家はすべて二重以上のサッシにするよう法律で定められています。昔の家は二重サッシでなくてもOKだったのですが、そういう家でも現地を見るとリモデルによって二重サッシに交換されていることがあります。設備類がしっかりとアップデートされていると、賃料にも反映されるものです。そういった点が「Rent Zestimate」との誤差を生みます。

Price History

過去にこの物件がいくらで売りに出された、その売値が変更された、実際に売れた、売りから引っ込めたといったこれまでの履歴が一覧表になっています（図14）。

Tax History

過去のプロパティタックス（不動産税）の金額の一覧表です（図15）。日本の固定資産税と都市計画税は3年ごとに見直されて金額が変わります。対してアメリカは、毎年物件の価格が査定されて税額が変わります。

「TAX ASSESSMENT」は、過去の課税評価額です。この価額に、地方政府が定めた税率を掛け合わせて税額を算出します。プロパティタックスは、日本人大家の感覚からすると全般に高めです。

「TAX ASSESSMENT」で、物件価値が上がっている・下がっているの傾向を確認しておくべき

図14

Price History

DATE	EVENT	PRICE	$/SQFT
08/12/16	Price change	$159,950 -4.5%	$100
07/20/16	Price change	$167,500 -1.4%	$104
06/09/16	Price change	$169,900 -4.3%	$106
05/10/16	Listed for sale	$177,500	$111

どのように値付けされてきたのかの履歴が一覧にまとめられている。

図15

Tax History

Find assessor information on the county website

YEAR	PROPERTY TAXES	CHANGE	TAX ASSESSMENT	CHANGE
2015	$938	--	$49,702	+2.0%
2014	$938	-1.0%	$48,729	+0.5%
2013	$948	--	$48,510	+2.0%
2012	$948	+0.2%	$47,560	+2.0%
2011	$946	+1.9%	$46,629	+0.8%
2010	$928	+0.2%	$46,281	-0.2%
2009	$926	+4.7%	$46,392	+2.0%
2008	$884	+4.8%	$45,484	+2.0%
2007	$844	+6.6%	$44,593	+2.0%
2006	$792	+3.1%	$43,719	+2.0%
2005	$768	+1.3%	$42,863	+2.0%
2004	$758	--	$42,023	--

プロパティタックスと課税評価額の推移をチェック。

です。アメリカの家は古くても価値がどんどん上がっていくものがあります。日本は逆で、木造物件であれば、新築から22年かけて建物の価値がどんどん下がっていきます。その後は、限りなく土地の値段に近い課税標準額に応じて課税されます。そこが大きな違いです。

Mortgages

住宅ローンを利用した場合の返済シミュレーションが表示されます（図16）。「Home price」は物件価格、「Down Payment」は頭金、「Interest rate」は金利、「30-year fixed」は30年固定金利のことです。また、「5/1 ARM」(Adjustable-rate mortgage) と表示されていることもあります。これは、最初の5年間だけが同じ金利で、以降は1年ごとの変動金利となるローンを指します。

Home Expenses

保険会社やセキュリティ会社の情報が表示されます。火災保険料は自宅用と賃貸用では異なりますし、免責額やオプションなどの条件によっても変わってきます。あくまで参考程度の情報です。

Nearby Schools in xxx

小・中・高の公立学校が家からどれくらいの距離に所在しているのか、およびその学校の名前と学区のレベルがわかります（図17）。レベルは10段階評価で、10が最も優秀な学校、1が最も低い学校です。自宅を買う場合は、みな必ずここを重視しています。

図16

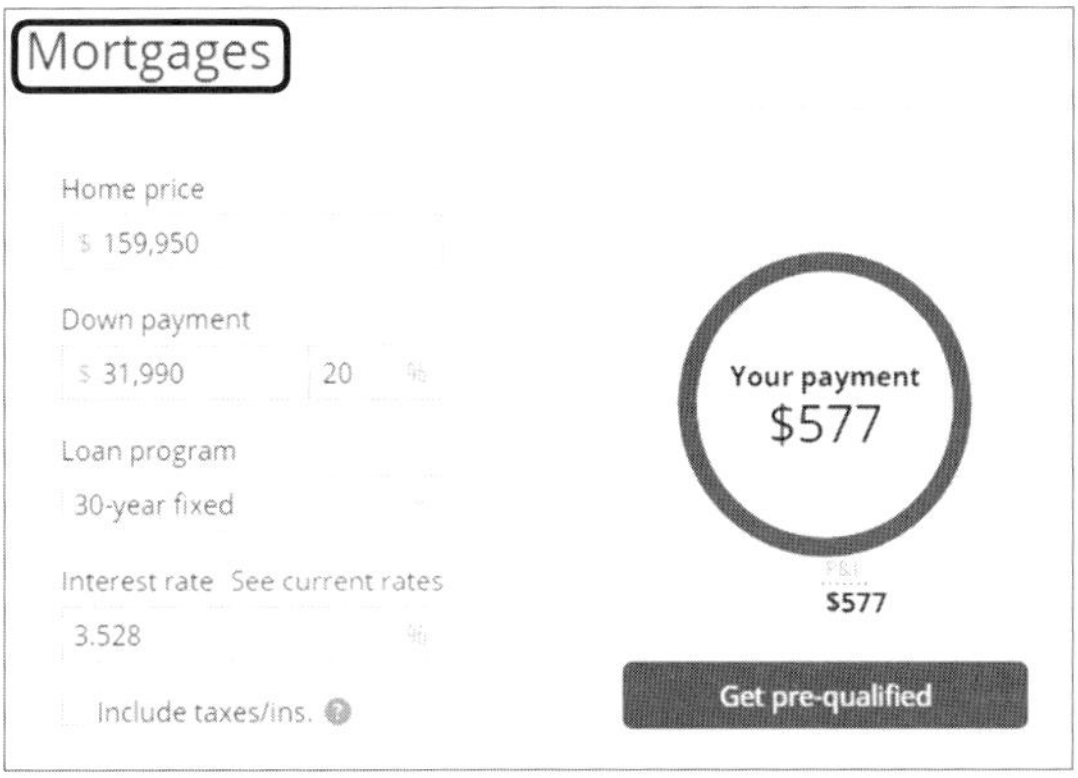

頭金や金利の数字を動かして、
月々のローン支払額がいくらになるかシミュレーションできる。

図17

物件から周辺の学校までの距離と、学校のレベルがまとめられている。

ただし、**投資用の物件では話が別で、僕は学区をそれほど気にしていません。**実際、評価の低い学区内にも物件を持っていますが、入居付けは問題なくできています。家族構成によっては学区は関係なくなりますし、教育に力を入れている家庭はホームスクーリングや私立のプライベートスクールに通わせるケースもあります。

周辺の治安のことはTruliaに聞こう

アメリカで不動産投資を行うとき、優先順位を上げて目を配らなければいけないのが「治安」です。ギャングのいるエリアでは映画さながら頻繁に抗争がありますし、窃盗や強盗が日常的に起こる危険エリアもあります。そのような危険エリアは、ポータルサイトTruliaを使ってチェックします。

Truliaで条件を指定する

「Trulia」でグーグル検索してトップページに入ります。メニューの「Buy」から「All

図18 Truliaでも、同じように希望する物件の条件を指定していく。

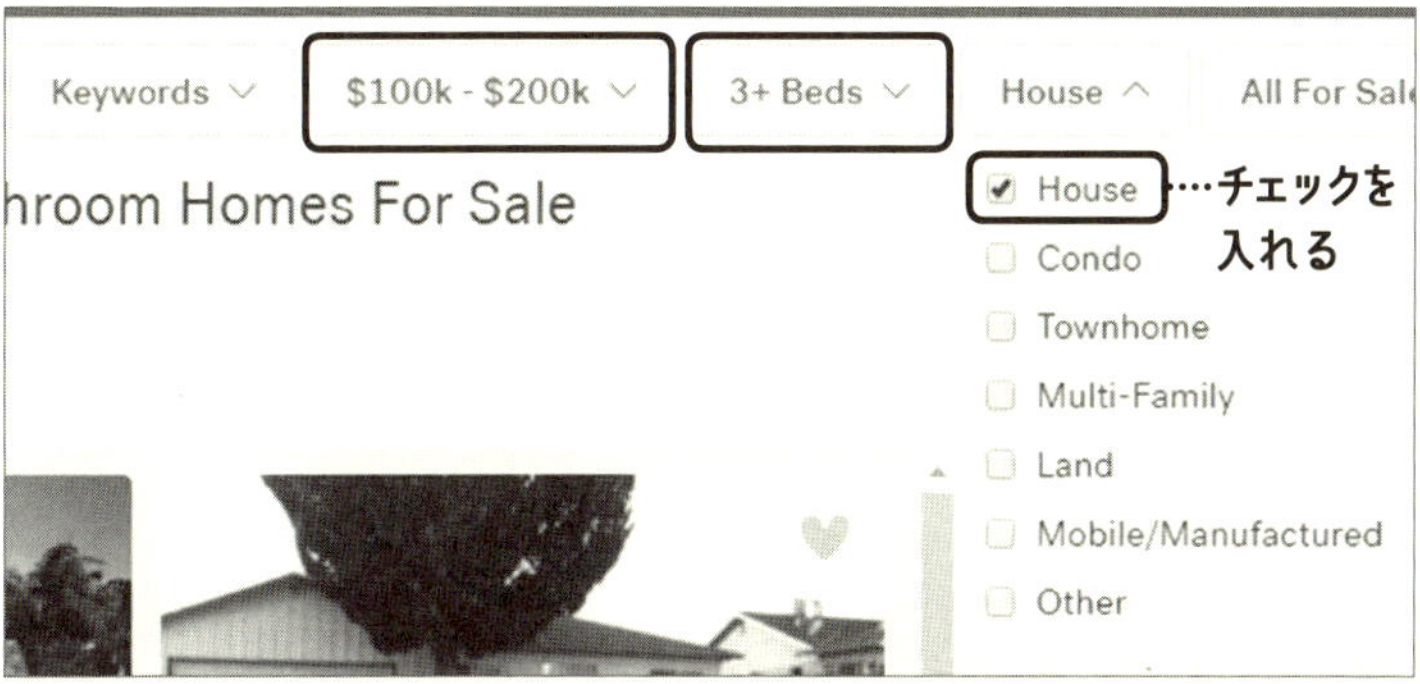

Trulia Homes for Sale」を選びます。検索窓が出てきますので、ここでは**「Bakersfield, CA」**と入力します。

「Any Price」をクリックすると**「Min Price」「Max Price」**が出てきます（図18）。最低価格はZillowでは7万5000ドルに設定しましたが、同価格帯の選択肢がないためMin Priceは「10万ドル」の設定から始めます。最高価格Max Priceは「20万ドル」にしておきます。

右隣のメニュー「All Beds」でベッドルームの数を指定できます。僕の場合は3ベッドルームから見ていくため、**「3+」**を選びます。さらに隣の「All Home Types」は**「House」**にチェックを入れます。「Mobile/Manufactured」という日本の不動産では見慣れない言葉も表示されていますが、「Mobile」というのはキャンピングカーのようなものです。タイヤが付いているトレーラーハウスなので価格は安

図19

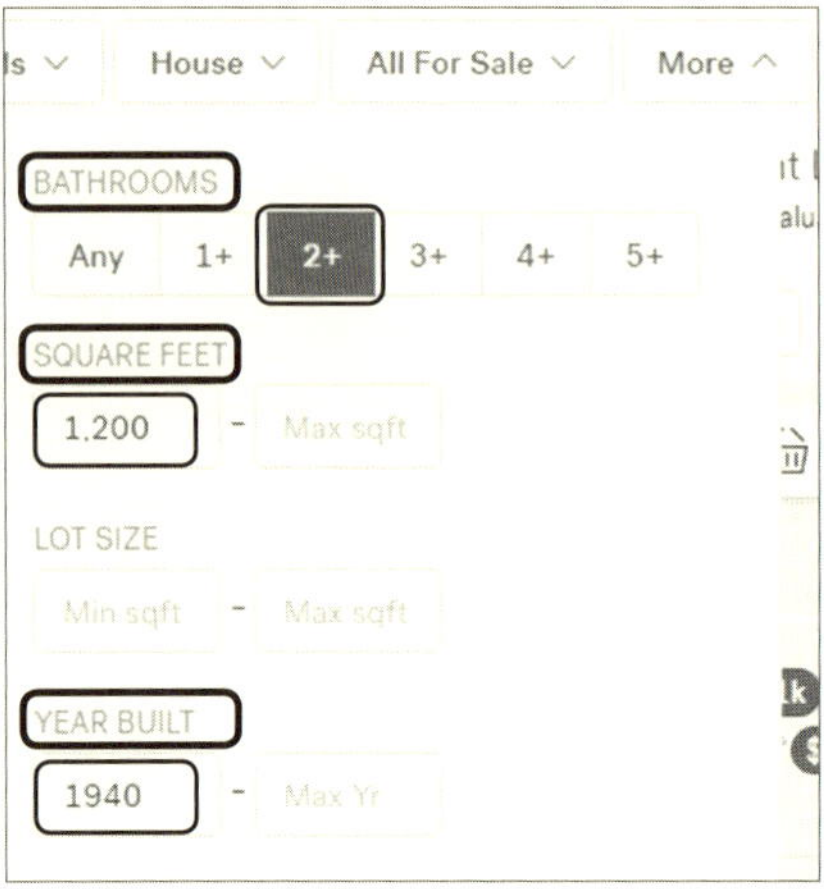

「More」で、バスルームの数や建物の延べ床面積、築年などの条件を指定する。

図20

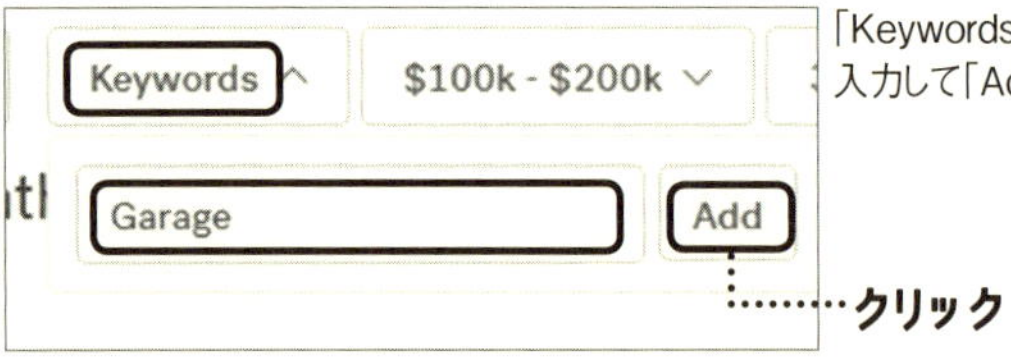

「Keywords」には「Garage」と入力して「Add」ボタンを押す。

いのですが、家としての価値はありませんから投資対象にはなりません。

それからメニュー「More」をクリックして、そのなかの「BATHROOMS」でお風呂とトイレのセット数を「2+」に設定しておきます（図19）。「SQUARE FEET」で、建物の延べ床面積を指定します。最小ラインの「Min sqft」を「1200」としておきます。「LOT SIZE」は敷地面積です。指定ナシでOKです。「YEAR BUILT」は、僕は1940年以前の物件は対象にしていないため、「Min

Yr」に「1940」と入れます。

「Keywords」には「Garage」(駐車場)と入力して「Add」ボタンを押します(図20)。

検索された物件数が多すぎるようであれば条件を絞り込みます。反対に検索結果数が少なければ条件を緩和していきます。ZillowとTruliaは、MLSから同じデータを使用しているため基本的に物件写真は一緒なのですが、表示される情報にはTruliaならではの特徴があります。

迷ったときは軽犯罪か重犯罪かをチェック

検索された物件は、地図上に丸印で表示されます。丸印をクリックすると物件情報が開きます。物件情報の画面を下にスクロールしていくと、**犯罪リスクを緑色・黄色・赤色のヒートマップ状に表した地図が出てきます**(図21)。これがTruliaならではの情報で、そのエリアで発生する犯罪の頻度がわかります。

地図上の黒い丸印に白抜きで書かれている「3」や「10」といった数字は、その場所で1年以内に発生した犯罪の件数です。色づけの意味は、緑色が最も安全なゾーンで、黄色になると徐々に犯罪件数が増えて、赤になっていくと危険地帯です。犯罪の件数や種類を、僕は非常に重要視しています。ヒートマップの横には、犯罪の起こった日付と、「Robbery」(強盗)、「Theft」(泥棒)、「AUTO THEFT」(車上荒らし)など犯罪の種類もわかりやすくまとめられています。

図21

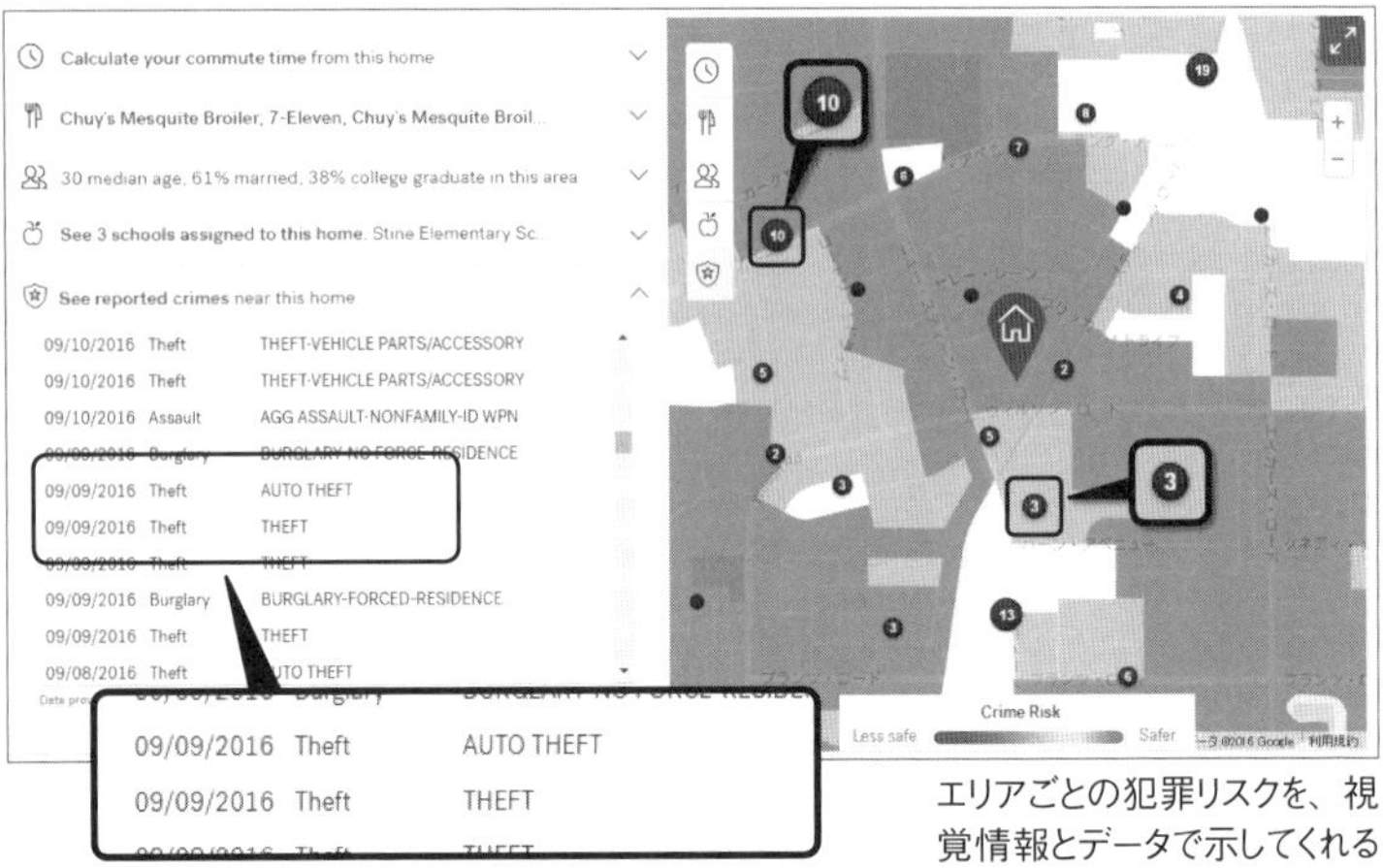

エリアごとの犯罪リスクを、視覚情報とデータで示してくれるのがTruliaの最大の特徴。

最終的な治安の判断は個人の主観の問題になると思いますが、僕は**物件のまわりが多少黄色のゾーンであってもよしとしています。**実際に自分が住むわけではありませんし、入居者となる方は基本的に地元の人です。僕ら日本人にとっては衝撃的な犯罪件数でも、地元で生まれ育った人からすれば日常的なことかもしれません。

そうはいっても赤色のゾーンに属している物件、もしくは物件の周辺が真っ赤になってしまっているエリアはやめておいたほうがいいと思います。のどかな田舎街といった風情のベーカーズフィールドでも、エリアによっては犯罪多発地帯があります。

中間の黄色である場合は判断に迷うと

ころですが、このときに地元の方が判断する一つの方法として、**軽犯罪が多いエリアなのか、それとも重犯罪が多いエリアなのかを丁寧に見る、**ということがあります。ギャングのすみかであったりすれば、銃を使った抗争によって傷害や殺人といった重大犯罪が多くなります。一方で、ほとんどが空き巣狙いやひったくり、車上荒らしの類で、軽犯罪ばかりというエリアもあります。

そして軽犯罪がほとんどを占めるエリアであれば、投資物件としてはアリなのです。日本人からすると違和感がありますが、一種のこちらの常識です。

黄色まじりの緑色は、比較的安全なエリアといえますが、それでも日本とは桁はずれに事件が起きます。基本的には、まず地元の管理会社に投資していいエリアかどうか、もしくは管理を引き受けてもらえるエリアかどうかを聞いておきます。とはいえ、やはり漏れが出てきます。ストリートやブロックごとに細かく見ていくと、危ない人が住んでいるせいで特定の個所で犯罪が多いエリアもあります。実際にどのような犯罪が最近起きているのかTruliaでチェックを済ませてから、最終的には管理会社の意見を参考にするとよいでしょう。

Truliaのもう一つの特徴といえるものがあります。それが「**Comparables**」で、これは一言でいうと近隣の成約事例です(図22)。**日本でいうところの売買比準価格**で、近隣で取引された物件の成約価格が一目瞭然でわかるようになっています。

図22

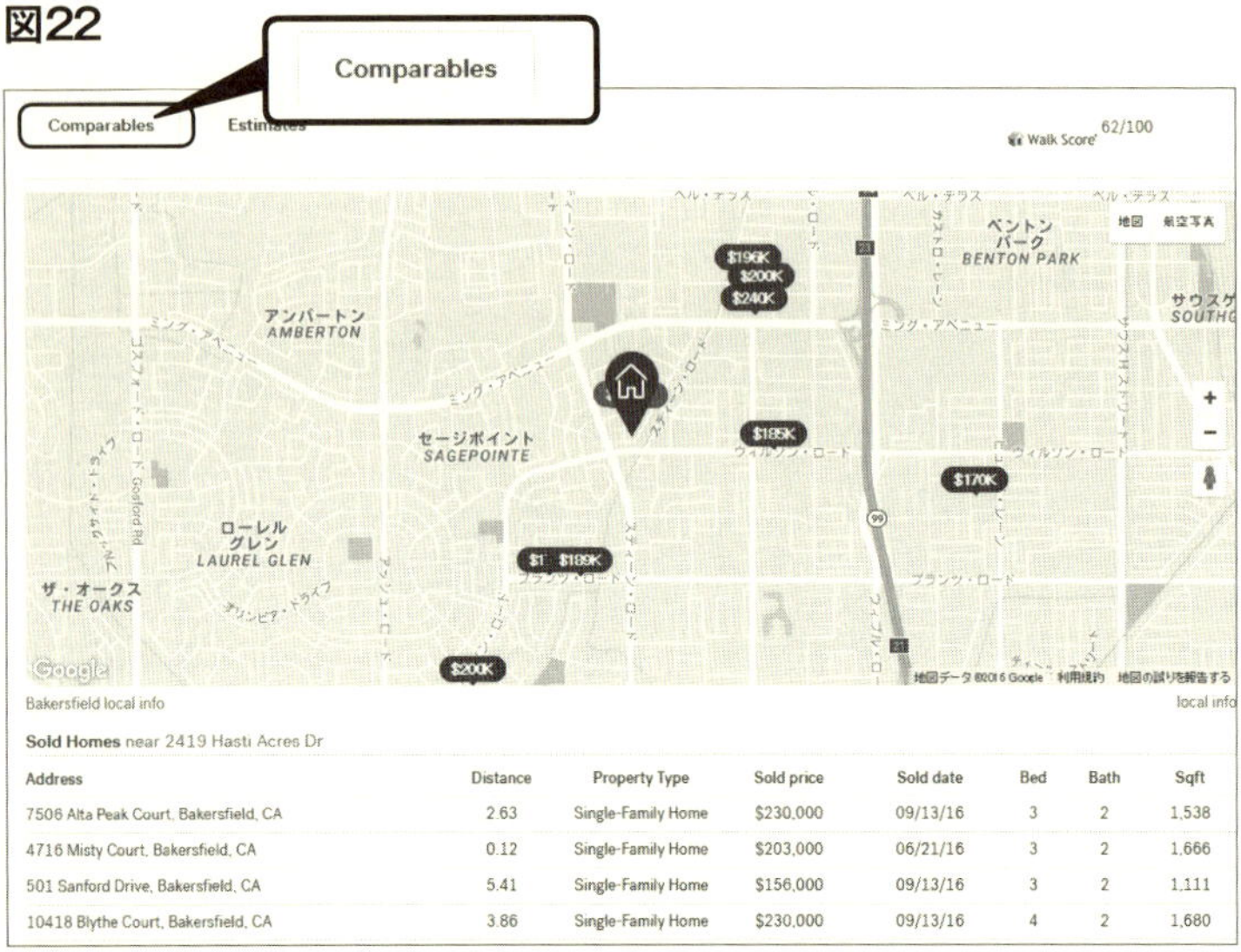

Address	Distance	Property Type	Sold price	Sold date	Bed	Bath	Sqft
7506 Alta Peak Court, Bakersfield, CA	2.63	Single-Family Home	$230,000	09/13/16	3	2	1,538
4716 Misty Court, Bakersfield, CA	0.12	Single-Family Home	$203,000	06/21/16	3	2	1,666
501 Sanford Drive, Bakersfield, CA	5.41	Single-Family Home	$156,000	09/13/16	3	2	1,111
10418 Blythe Court, Bakersfield, CA	3.86	Single-Family Home	$230,000	09/13/16	4	2	1,680

画面を下にスクロールしていくと、近隣の成約事例である「Comparables」が見つかる。

安く買いたいのであれば、「Comparables」で示されている価格との乖離を持ち出して、「おおよそ直近でこれくらいですよ」と指値を入れることもおすすめです。また、物件写真の下に表示されている「**$×××/sqft**」（建物1sqftあたりの値段）も買値交渉の材料になります。

　注意点としては、こうした指値の方法は、ベーカーズフィールドのような地方都市では通用しますが、大都市圏で人気があるエリアでは指値どころか買い上がりがトレンドになっていますので、まず不可能なことです。エリアによって購入の仕方が違います。

　このようにTruliaでは、犯罪ヒー

トマップと直近の売買事例価格の2つを使いこなすことをおすすめします。

プロ御用達、最新情報のMLS

ＭＬＳは正式名称を「Multiple Listing Service」といいます。アメリカの不動産情報システムです。売りに出されているすべての物件情報にアクセスできます。ちなみにアメリカ不動産の仲介手数料は、第３章で触れたとおり、売主が最大６％を負担する仕組みで、買主の負担はありません。

基本的には、ＭＬＳは日本の不動産業者間のデータベース「レインズ」と同じように業者が利用するもので、一般投資家は立ち入れません。しかし、**ＭＬＳの場合は、リアルターにリクエストを出すことによって、ウェブ上に「Client Portal」という個人ページをつくってもらうことができます。**レインズも２０１６年1月より、売主は自分の依頼物件の販売状況を「ステータス管理」で確認できるようになりましたが、この閲覧機能がより充実しているのがＭＬＳの個人ページといえます。

このClient Portalでは、リクエストに合致した物件の最新情報が手に入ります（図23）。住所はもちろん、売り出し日や物件の概要が物件写真とともに送られてきます。物件概要には、「軽微な修繕が必要です」とか、「最近キッチンがリモデルされてきれいになって、設備も最新型になっています」とか、「人気の間取りです」といった具体的なコメントも付いています。

ＭＬＳで得られるのは、ZillowやTruliaに載っている物件概要などの最新情報です。たまにＭＬＳで売り止めとなっていてもZillowで販売中とあり、ステータスが一致しないことがあるのですが、その場合はＭＬＳが正しいと考えてください。

僕個人としては、情報がまんべんなく網羅されていて感覚的にわかりやすいのはZillowとTruliaです。一方で、正確かつ最新の情報が載っているのはＭＬＳです。ただし、ＭＬＳには、Truliaの犯罪マップやZillowの学区レベルなどは載っていません。**Zillow、Trulia、ＭＬＳは補完関係**にあって、ＭＬＳで得た物件住所をZillowとTruliaに入力して検索をかけることで、さまざまな角度から物件を見ることができます。

ＭＬＳのリクエスト方法

ＭＬＳのClient Portalに、自分のリクエスト条件に合った物件情報が届くと、その都度メールが送られてきます。多い日だと1日に何通も届きます。

リアルターへのリクエストの出し方は、エリアと価格帯、物件の種類、寝室やバスルーム、

図23

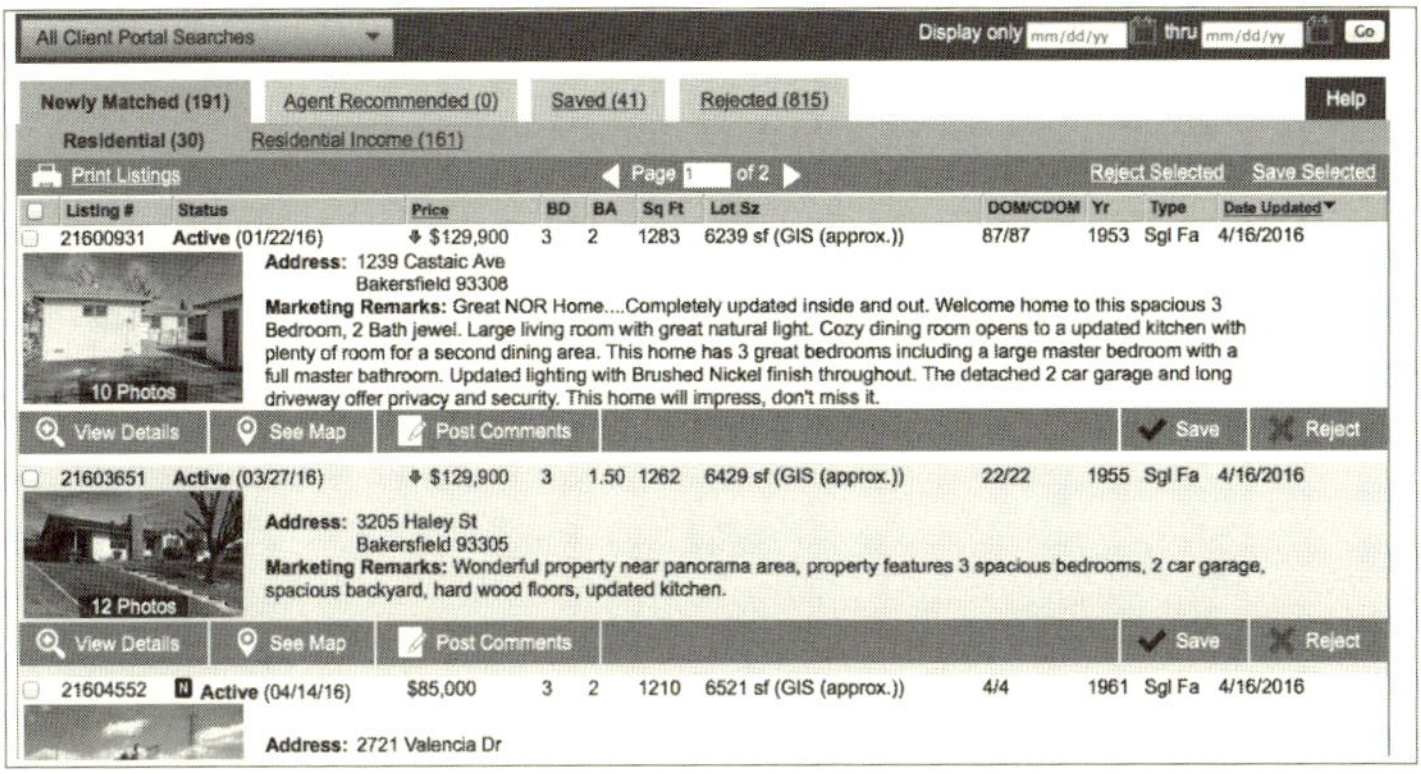

MLSは物件の仕入れ先であり、業者の販売ツールでもある。リアルターに依頼することで投資家の個人ページが作成される。

MLSで使われるおもな用語

Active	売買は有効な状態
Active STI (Active Subject to Inspection)	買付があり、建物検査中の状態。一定期間は契約を白紙撤回できるため、万が一のバックアップとして物件情報が掲載される場合もある
Pending	保留中。おもに契約が進んでいる状態
Active-Contingent	売主はバイヤーの買付を受け入れた状態だが、ホームインスペクションや融資本承認、そのほかの要因で決済がいまだ不確実の状態。バックアップオファー（オファーが成立しているところに、あえて重ねて入れるオファー）を受けつける目印の場合もある
Sold	物件の売買が完了した状態
Contingent-OffMarket	決済が不確実の状態。バックアップオファーは不可

駐車場の数などを指定すれば十分です。「Bakersfield, 75000-175000, Single Family Residence, 3Bed, 2Bath, 2Garage」といったふうでかまいません。

想定賃料がどれくらいになるかは、Zillowの「Rent Zestimate」で、ざっくり確認する方法もありますが、実際のところはリアルターや管理会社に問い合わせたほうが正確でしょう。

あとは管理してもらえそうなエリアかどうか、犯罪が多くて住めないエリアでないかなども、頼めば教えてくれるはずです。ただし、その説明を英語でされると、はじめは苦しいかもしれません。僕も最初はわからないことばかりでしたが、「理解できない単語は調べる」を愚直に繰り返して徐々に慣れていきました。

日本でも、皆さんは「楽待」などのポータルサイトで100も200も物件を精査していくうちに、どんどん目が肥えていったと思います。最初は専門用語ばかりで時間がかかったはずですが、やはり習うより慣れろです。アメリカ不動産も、そのサーチを毎日のルーティンワークとして組み込んでしまうと、閲覧のスピードと精度が上がっていきます。

リアルターとの間合いのとり方

これは僕の主観的なアドバイスになりますが、**MLSで自分のページをつくってもらったら、**

そのリアルターから必ず買わなければいけないと気兼ねする必要はないと思います。

リアルターとのやりとりを始めてから1年間も2年間も買っていない人はザラにいます。現地の案内を100回近くさせておきながら、何年間も買わない人もいるそうです。それでもリアルターの彼は、「これも仕事だから」と意に介していません。日本人よりもハートが強いのかもしれません。

「買うかどうかわからないのに、お手間をとらせてしまい申し訳ない」と遠慮がちになって積極的なアプローチをしない……ではなく、ぜひ臆することなくコンタクトをとってもらいたいと思います。

僕のファーストコンタクトはメールでした。未知の海外業者でも、メールでのアプローチで問題ありません。「私はいま日本に住んでおり、日本の不動産に投資していますが、これからは海外物件の購入も検討しています」と簡潔に書けばいいでしょう。

そのうえで、賃貸市況や今後の見通しはどうか、おすすめのエリアはどのような傾向にあるのか、危険なエリアはどこか、投資家の動きはどうか——思いつくことをシンプルに、なるべく箇条書きにして、メールで投げればいいと思います。相手も商売ですから理解しようと努めてくれます。ネイティブの方なら、1をいえば3まで理解してくれる感じで、おおよそのニュアンスは伝わるものです。

言葉の壁というよりも、心理的な壁が、まずは大きいと思います。僕自身も経験してきました。そして、たくさん間違えてきました。でも、間違えたから恥ずかしいなんてことはありません。失敗をおそれずに、新しいことに挑戦する過程も楽しんでもらいたいと思います。

一度はのぞいておきたいサイト

この章の最後に、Zillow、Trulia、MLS以外の海外ウェブサービスについてご説明します。

Redfin

それ自体が大きな仲介組織で、自分たちの取り扱い物件のみを掲載しているサイトとしてRedfin（レッドフィン）があります（https://www.redfin.com/）。物件の検索や絞り込み方法は、基本的にZillowやTruliaと同じです。

このサイトならではの特徴を挙げるとすれば、学校についての詳細なレポートが読めることです。生徒数や授業プログラム、先生の評判などがわかりますので、公立学校の学区を検討する場合にはのぞいてみるといいでしょう。

グーグルマップ

いわずと知れた大定番ですが、**アメリカではグーグルマップの航空写真は日本のそれよりも細密です。**ズームしていけば屋根の状態や周辺の家の荒れ具合なども鮮明にわかるほどです。

よろしくないエリアだと、庭が芝生ではなく土がむき出しになっていたり、ガラクタが山積みになっていたり、家の周辺のストリートに廃車のような車が放置されているなどがありますが、そういった様子もしっかり確認できます。

Rental Vacancy

Rental Vacancyは、主要都市ごとの賃貸物件の空室率（ベーカンシーレート）がわかるサイトです（http://www.zillow.com/research/falling-rental-vacancy-9086/）。Zillowが提供しているサービスで、四半期ごとの数値を過去10年間までさかのぼれます。

参考までに、2014年第4四半期時点のベーカーズフィールドのベーカンシーレートは2・2%で、カリフォルニア州内では最良です。ロスやサンフランシスコは3%台です。

それに対して投資が過熱気味のネバダ州ラスベガスは11・8%で、アリゾナ州フェニックスは14・4%です。テキサス州のメンフィスだと18・2%を記録していて全米中最下位です。フロリダ半島も投資先として注目されていますが、同州マイアミで7%、タンパで8%、ジャクソンビルで12・3%、オーランドは16%と、いずれも高い部類に属します。

日本の平均空室率よりはいいのかもしれませんが、投資先として考えるなら、アメリカの平均空室率となる7％前後（合衆国国勢調査局の発表値）が一つの分岐点になると見ています。

第5章

物件を見立てるポイント
&
リモデル

2台分のカーガレージが必要な理由

これまでに書いてきたとおり、僕にとっての必勝パターンの間取りは、**「3ベッド・2バス・2ガレージ」**です

バスとトイレの数は、あえていえば**1・75以上**です。数字の内訳は、0・25がトイレで、0・5になるとトイレと洗面化粧台です。それが0・75になると、トイレと洗面化粧台とシャワータブです。「1」表記は、トイレと洗面化粧台、それにフルバスタイプと呼ばれる、お湯が張れるバスタブ付きのシャワーとなります。

アメリカ人はバスタブにつからないと決めつけたら怒られそうですが、実際のところ、ほとんどの場合がシャワーで済ませるそうです。じっくり湯船につかるのは小さな子どものいる家庭やマメな人くらいで、そのためフルバスは一つだけあればOKと思います。

ガレージは屋根があるだけのカーポートタイプではダメで、上下開閉式の自動シャッターが備わった車庫タイプが防犯的にも好まれます。そして黄金比率は**「2」**です。戸建てに住む人は家族やカップルですから、世帯で1台の車を共有することはまずありません。**最低でも2台**

3Beds・2Bathsの間取り図の例

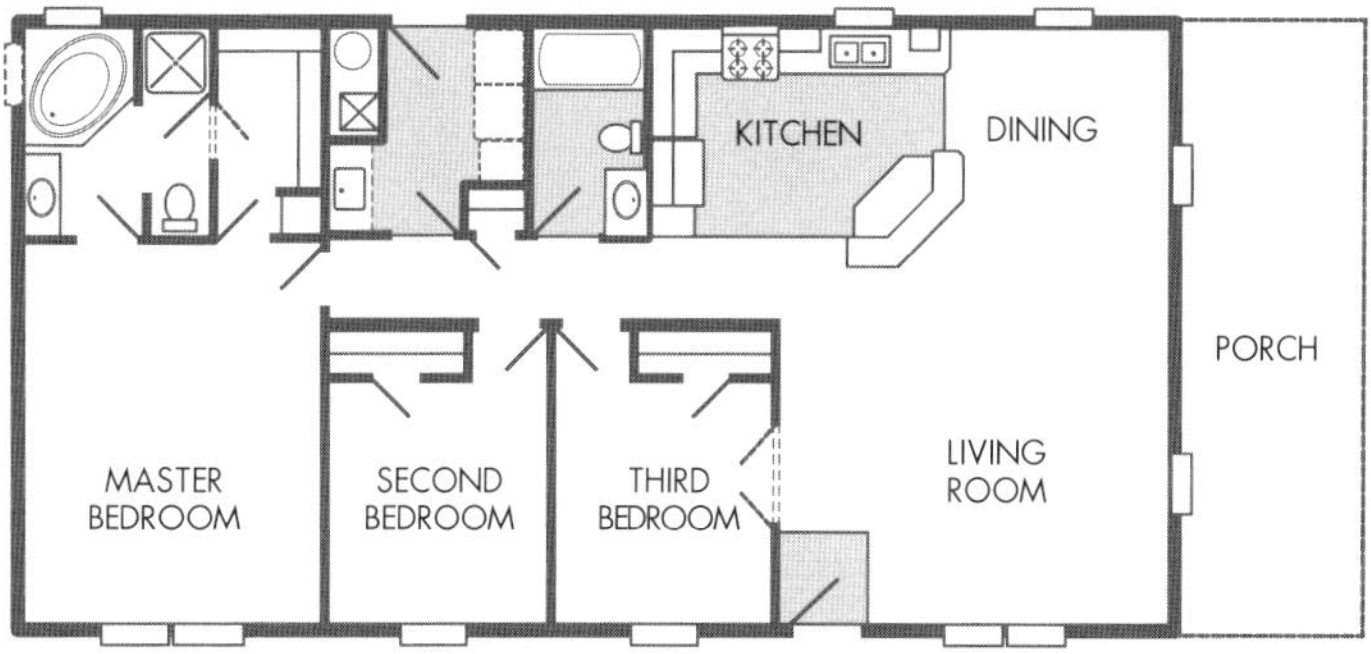

「MASTER BEDROOM」は、日本語で「主寝室」。その家の主や夫婦が使用する寝室。

分のガレージが望まれます。でも面白いことに、皆さんガレージ付きの家に住んでいるにもかかわらず、わざわざ道路に駐車する人が多いです。汚れますし、日差しが強いので塗装にもよくありません。道路で遊んでいる子どもたちはボールをぶつけてもおかまいなしです。それで、たまに子どもたちに窓を割られて騒いでいます。

実は、ガレージ内を物置や日曜大工の作業場としている人が大勢いるのです。そのおかげで、あちこちで路上駐車というわけです。こちらでは高校生も運転できるので、一家の車5台を家の正面にとめている家もあります。

こう書くと、「車を5台も持てるほどアメリカ人って金持ちなの？」と思われるかもしれませんが、こちらでは、日本ならスクラップにするくらいのレベルの車を乗りこなしていますので必ずしもそういうわけではないと思います。走行距離が20万キロ、

30万キロなんてザラにあります。凹みなど気にしないし、車は移動のための道具という割り切りがはっきりしています。ちなみに、わが家も作業用や日常の足用に3台の車を使い分けています。

現地に行く機会に恵まれたときは貪欲にいこう

ここからは〝物件を精査する目〟について、じっくりご説明していきたいと思います。その前に一つお話ししておきたいのが、現地に飛んで実際に物件を見ることは、たとえ買えなかったとしても、その土地を刷り込むという点で非常に有効だということ。

僕のベーカーズフィールドでの1軒目は、わずか3日間の滞在中に購入を決めましたが、**そのときはビデオカメラを持参して、見て回ったすべての物件を撮りました。**屋根や玄関までのアプローチ、外壁、外構の様子、室内は床も天井も余すところがないように録画しました。リアルターが早口でまくし立てる説明も一緒に撮りましたが、これがあとから大いに役立つことになります。

たとえば、「地面が粘土層で、とりわけコンクリートで覆われている粘土層が乾燥して、それが原因でコンクリートに亀裂が生じたんだよ」といった地盤の話。また、「水道管は1960年まではGalvanized Iron Pipe（亜鉛メッキ鋼管）が利用されていたが、その後はサビや劣化に強いCOPPER（銅管）やPEX（高密度ポリエチレン管。日本ではポリブテン管とも）になっている。PEX TUBEは安価で加工しやすいから、古い水道管の入れ替え工事はこわくない」といった設備の話。そういった細やかなアドバイスをその都度してくれていたのです。日本に帰ってから、それを辞書を片手に確認できたので勉強になりました。

一度だけの渡米で満足できる物件を買えれば最高ですが、**そうでなくてもビデオカメラを持参して記録を残しておけばあとになって活かせます**。

やはり、その土地の空気感というのは現地に行って物件を見てこそです。ベーカーズフィールドでいえば、築60年、70年を経過した古い木造家屋でも、床下をのぞくときれいに保たれています。どうしてあれほどきれいなのか不思議に思うほどです。

その理由は、この土地がとても乾燥しているから。そのため菌の繁殖が進まず、木も朽ちていきません。それこそ新品同様で、きれいなツヤが出ています。

これなど日本の常識が当てはまらないことで、現地に行ってはじめて腑に落ちることだと思います。

最低限クリアしてほしい6つの条件

ＭＬＳに個人ページをつくってもらうと、自分のリクエストに合致する物件情報が数時間おきにメールで送られてきます。僕の場合はそれを見ながら、まずは自分で犯罪の多い場所など「ここはダメ」でないかを見極めます。

物件そのものではなく、その物件がある場所の確認からです。犯罪が多発しているエリアでないか、Truliaを使って確認します。そして地元に通じているリアルターからも治安についてレクチャーしてもらい、よりキメ細かく詰めるようにしています。

ＭＬＳから届く情報には、物件のセールスポイントが丁寧な文章で書かれています。たとえば、その文章中に「Cozy」（コジー）という言葉があると、「こぢんまりとかわいらしい家」ということを強調しているのですが、部屋が小さめで天井も低い昔ながらの家なんだろうなとイメージがわきます。「Cozy」な家は、個人的には住みづらくて古臭い印象です。物件の紹介文からも、ある程度の雰囲気がわかるようになっていますので注意して読み込んでいきます。

犯罪リスク、間取り、エアコン……

実際に現地に行くかどうかは、**最低限、次の6つの項目をすべてクリアしていることを条件にしています。**

- 犯罪リスク　↓　基本的に緑色のエリア（Trulia）
- 間取り　↓　3ベッド＋2バス（甘く見て1・75以上）
- カーガレージ　↓　2台分以上
- 築年　↓　1940年以降
- 建物の延べ床面積　↓　1200～1700sqft
- エアコン　↓　冷風機のみはNG

冷風機というのは空気に湿気を含ませて、その空気を家のなかへ送り込む装置です。外気が暑ければ、いくら湿気を含ませてもそれほど冷えません。1台で家全体を賄うセントラルエアコンは高価なため、ベーカーズフィールドの昔の家では冷風機や窓用エアコンだけが付いていることがあります。窓用エアコンは稼働音が大きいことや美観を損ねること、防犯の面からも人気がありません。たとえエアコン付きと表示されていても、それが壊れている場合もあります。資料でエアコンの有無は必ず確認しますが、資料に書いてあるとおりのものが設置されていて、それが本当にいまでも使えるのか、現地でのチェックも欠かせません。

コラム

空き家の自衛手段

僕が見学した空き家のなかには、人が住んでいるのかと見まごうような家がありました。ベッドが置いてあって、ベッドの脇には何冊もの本や電気スタンド、そして眼鏡や目覚まし時計まで。人が住んでいる息づかいが聞こえてきそうな家具や雑貨がありました。

その物件は空室と聞いていたので、内見したときはかなり驚きました。「これは、どう見ても人が住んでいる。いまも誰かいるのではないのか？」とドキドキしながら見て回ったのですが、あとになってわかったのは、その家は泥棒よけの対策が打たれてい

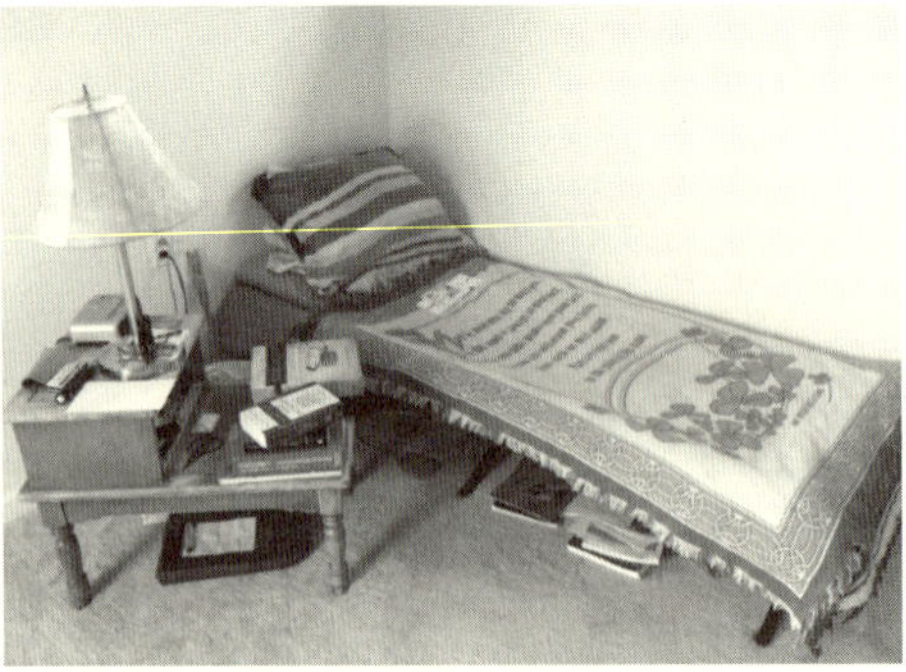

ここには人が住んでいると見せかけるための演出。

たということ。いってみれば、空き家の自衛手段です。

その家は個人オーナーの工夫でしたが、こういう仕事を請け負う商売もあるようです。空き家を空き家として見せないために、自動的に部屋の電気を点灯させたり消したりという防犯上の機能は日本の家でも導入されているところがあると思います。

アメリカでは人が住んでいないときの保険は、家に何か起きる危険性が高まるということで、保険会社が受けてくれないことがあり、入れたとしても保険料が少し高めになります。これもアメリカならではです。

現地での目の付けどころ 家の外回り

現地で物件を見るときのチェック項目についてお話しします。やはり、行ってみてはじめてわかることがいくつかあります。その物件は本当に買うに値するかどうか、それとともに、買うとするならどのようなリフォームが必要になるのか。物件を見ながら頭のなかでイメージを働かせるようにしています。

建物の傾き、基礎の状態

まずは床が水平かどうか。平衡感覚を失うくらい床が斜めになっている家を見たことがあります。日本では考えられないことですが、玄関の入り口が地面と同じ高さになっている家もありました。これでは雨水が家のなかに侵入してきます。そのような〝絶対ナシ〟な物件は、見た瞬間にどこか違和感があるものです。

また、クラック＝ひび割れを確認します。乾燥収縮や膨張表面が原因のヘアクラックと呼ばれる軽微なものから、構造内部から生じる大きな割れ目までさまざまです。後者は構造クラックと呼ばれ、不等沈下や強度不足などの欠陥が考えられますので、いっそうの注意が必要です。

階数

僕が選ぶのは1階建てです。**こちらでは2階建ては圧倒的に不人気**です。階段の昇り降りがイヤがられるほか、空調の効率が悪くなるので光熱費が余計にかかるためです。

窓

窓がペアガラス（複層ガラス窓）か、シングルガラス（単層ガラス窓）かを見ます。エネルギー消費量を抑えるため、築年数が新しい家はペアガラスが義務づけられていますが、昔に建てられた家はシングルガラスのままでも違反になりません。

大きさにもよりますが、シングルガラスからペアガラスへは一カ所につき120～300ドル＋工賃で入れ替えが可能です。シングルだからといってとりたてて問題にはなりませんが、現地に行ったときには確認しておきます。

天井

天井のつくりを確認します。家のなかに入って顔を上げると、天井裏があるタイプと、平坦な天井がなくて、屋根の構造にそった吹き抜けの三角形になっているタイプがあります。

後者は空気によって断熱するための層が省かれているので、とても暑いです。天井の

開放感がある天井。梁がむき身で野趣あふれるつくり。天井裏がなく空気層で断熱できないため、外気温の影響を受けやすい。

材質が断熱仕様ならまだマシですが、築古の家ではそうでないことがよくあります。**開放感があり、いかにも山小屋風でカッコいいのですが、リアルターからは「買ってはいけない」と釘を刺されました。**このような構造の家をエアコンで冷やそうとすると、電気代がかさんで入居者が長くいついてくれないそうです。

屋根

「雨漏りしていないから大丈夫だよ」という声だけでは安心できません。こちらは雨が少ないので、明らかに屋根が破損していても、パラッと降るくらいであれば家のなかに浸透する前に乾いてしまいます。家のなかに雨漏りしていない状態でも、屋根が破損していることもあるのです。

ボロボロの状態では張り替えが必要になります。アスファルトシングルであれば、1回は重ね張りをしても大丈夫です。屋根は20年・30年・40年と、保証の違いで金額が上がっていきます。延べ床面積1200sqftくらいの大きさの家の屋根では、すべて張り替えの30年保証を選んだとすると、最も低く見積もっても1万ドルは覚悟したほうがいいでしょう。

なお高価なタイル葺きの屋根であれば、耐久性や遮熱性、防音性に優れていて、ほとんどメンテナンスは不要です。

外壁

スタッコ（化粧漆喰）であれば上塗りすることで20年、30年ともちます。色を練り込むこともできて、カラーコートスタッコと呼ばれます。上塗りの費用は、1200sqftの家なら最低でも2000ドル以上はします。

腐った木製のフェイシャボードを一部入れ替えたところ。
白色ペンキで塗装して仕上げる。外壁はカラーコートスタッコ。

僕の所有する物件にはウッドサイディングとスタッコの混成タイプの外壁がありますが、スタッコ業者はスタッコしか施工しません。ウッドサイディングはペンキを塗る塗装屋さんの仕事となります。屋根まわりの「鼻隠し」と呼ばれる、軒先の垂木の木口を隠す木板を、こちらではFascia Board（フェイシャボード）と呼びますが、そうした木部をすべて塗装します。

見た目から、屋根に問題がなく外壁のスタッコにだけ問題のあるケースでは、外壁のスタッコ業者、フェイシャボードやドアなどを塗る塗装業者の2業者に発注することになります。その場合の塗装費用は1200sqftの家で約1000ドルかかります。

スプリンクラー

スプリンクラーの有無は物件資料にありますが、現地に行ったら確認を怠れません。スプリンクラーが庭に埋まっていても、ちゃんと稼働しないこともあります。水が出るヘッドに原因がある場合には、交換は業者を呼ぶことなく自分でもできます。規格は同一で種類が豊富にありますが、安いもので1個1〜2ドル程度です。

また、スプリンクラーのシステムが壊れていても、地中に分水ラインが埋まっていれば復活させることは簡単です。部分的にラインが壊れていても問題個所だけに絞ったパイプの付け替えが可能ですし、コントローラーとヘッドの交換程度なら、工賃を入れても500ドルくらいのものでしょう。

そのような部品交換であればとくに気にすることはありません。厄介なのは、スプリンクラーのシステムがない場所に新設する場合です。管を埋め込むために庭を掘り返さなければいけませんので、かなりのコストがかかります。

僕の物件では、40年くらい前に設置されたと思しきスプリンクラーのシステムがまったく機能していなかったのですが、土のなかに埋まっているプラスチックの塩ビ管はほとんど傷んでおらず、壊れている個所の補修＋コントローラーの交換で安価に復活させることができました。

ガレージ

ガレージのシャッターは、ガレージオープナーという機械で自動開閉しますが、それは百数十ドルで売られています。また、シャッターが壊れていても、ほとんどのパーツが手に入るため、部分補修で安く済みます。

日本でイメージする全自動開閉式のシャッターは何十万円もするシステムですが、**ガレージが普及しているアメリカでは、たとえ壊れていたとしても金銭的におそれることはありません。**

ガレージの内壁は、僕が見てきた限りでは、ほとんどの家で構造がむき出しになっていました。日本ならボードを張ってさらに壁紙できれいに仕上げるのが一般的ですが、こちらの貸家レベルでは、そこまでお金をかけません。断熱もされていないことが多いので、ガレージは広いわりに夏はとても暑いです。**アメリカ人にとってガレージは物置や作業場でもあるので、何より広いことが好まれます。**

洗濯機置き場

日本では洗濯機と乾燥機を1台で兼ねるタイプが普及していますが、こちらでは洗濯機と乾燥機に分かれているのが一般的で、日本と比べるとかなり大きくて場所をとります。その横にディープシンクが備わっています。

新しい家になるほど洗濯機と乾燥機は家のなかに設置されていますが、僕が買っている、築から半世紀以上たっているような家ではガレージのなかにあります。それでも、入居者や入居希望者から「ガレージ置きだからイヤだ」という話は聞いたことがありません。ガレージのなかか家のなかかの違いは入居を左右するまでには至らないようです。

プール

こちらではイングラウンドプールと呼ばれます。文字どおり地面を掘って設置しています。設置費用はピンキリながら、平均すると5～6万ドルくらいをかけているそうです。

プールは、1日に6時間から8時間ほどモーターを回して濾過しなければいけません。フィルター交換や水質検査はもちろん、底面や側面の清掃も必須です。光熱費、薬品代、フィルター交換費用に加えて、自分で管理しないなら業者を雇うしかありません。モーターは消耗品ですし、プール壁面がプラスターだと10～15年おきに数千ドルかけてコーティングする必要もあります。ただし、水は意外にも5年くらい取り替えないそうで、薬液を入れてモーターで水を濾過することで衛生基準を満たしているそうです。

こちらの夏は長くて暑いため、子どもがいる家庭ならプールは嬉しいでしょうが、**投資用の物件ではプール付きはおすすめしません。**賃料にほとんど反映されないどころか、プールのせいで転倒事故でも起きようものならオーナーが訴えられます。その分、保険料も高くなります。**維持費が高く、賃料にもならず、リスクだけが重くなってしまいます。**

現地での目の付けどころ 内装・設備

続いて、家のなかに入ってからのおもなチェック項目についてお話しします。

床

カーペットであればカーペット屋さんに張り替えてもらいます。まだきれいならクリーニングのみで使えることもあります。

カーペット張り替えの料金は、〝松竹梅〟と3段階くらいありますが、僕が頼むのは一番安い〝梅〟です。それでも3ベッドルームの張り替えでは、3つの寝室と廊下とクローゼットの床で1500ドルでした。カーペットは下地のクッションと2層構造になっていて、隙間ができないように施工してもらいます。見切り部分など簡単にめくれないようにするのが職人さんの腕の見せどころです。

床材はおもに5タイプあります。①タイル、②ハードウッドフローリング、③ラミネートフローリング、④ビニールフローリング、⑤カーペット――この5つの床材がアメリカでは主流です。ビニールフローリングは日本でいうクッションフロアですが、僕はまだ一度も見たことがありません。聞けばひと昔前に流行ったそうです。

手前のタイルはダイニング、奥のカーペットはリビングに続く。段差のない継ぎ目が職人の腕の見せどころ。

タイルが人気なのは、高級感があること、暑い夏でもひんやりしていること、それと掃除がしやすくて清潔感を保てるからです。ただし、小さな子どもがいる家庭は安全面からタイルを避ける傾向があります。

アメリカでは靴のまま家に出入りする文化がまだ生きています。個人的には、ウッドフローリングよりカーペットのほうが音がしない分、好まれるのではないかと考えています。

施工を含めた費用はカーペットが最も安く、ウッドフローリングがまん中、一番高いのがタイルです。日本ではフロアタイルやピータイルが費用対効果がよくて手軽なイメージですが、アメリカでは重厚感のある石が好まれます。1階建ての家が多いので、重さを気にする必要がないという背景があります。

バスルーム、シャワーブース

古い家ではシャワーブースのタイルがはがれていたり、バスタブが錆びているのをよく目にします。そのときは交換することになりますが、やはり**水回りは日本と同じでお金がかかります。**

僕は日本でシャワーブースを新設したことがあるのですが、お風呂とあまり値段が変わらず、本体だけなら30万円でした。それがアメリカだと、シャワーブースやバスタブのユニットがホームセンターに行けばわずか300ドルくらいで手に入ります。

しかし、アメリカは人工代が高いので、既存部分を壊してユニット本体を組み込む工事にお金がかかります。たとえば人材派遣会社から派遣してもらうとするなら、1時間で30ドル以上を保証することになると思います。

トイレ、洗面化粧台

洋式便器は、日本だと安価なもので3万円くらいから売っていますが、こちらでは90ドルくらいからあります。洗面化粧台は大きさにもよりますが、日本では最低でも2〜3万円からで、通常は5〜6万円ほどします。アメリカでは120〜150ドルも出せば立派なものがそろいます。

キッチン

キッチンはフルセットかどうかを確認します。アメリカではキッチンのフルセットはビルトインキッチンと呼ばれ、日本でいうところのシステムキッチンになりますが、サイズの違いが顕著です。ターキーが丸ごと焼ける大きなオーブンやディッシュウォッシャー（食器洗い乾燥機）などを標準で備えているもので、そこに食事ができるカウンターも付いているとなおよしです。日本の戸建て用で使うLタイプの2倍くらいの大きさがあります。

キッチンだけなら、ホームセンターで3000ドルも出せばそろいます。蛇口や天板、シンクは別売りです。2槽シンクや1槽シンクのほか、深さや材質により金額が違います。換気扇、ストーブ（ガスコンロ）、ガベージディスポーザー（生ゴミ処理機）、マイクロウェーブ、ディッシュウォッシャーも別売りです。それらすべてを一つずつ買ってきて、大工さんに付けてもらいます。

キッチン本体が3000ドルだとしても、アイテムや備品で5000ドルくらいはかかります。夢のような巨大で立派なキッチンが完成するのですが懐は痛みます。やはり、**水回りを交換せずにクリーニングだけで再利用できる程度に保たれている物件が理想的**です。繰り返しになりますが、水回りは本当にお金がかかります。

ガベージディスポーザー。統一規格なので、すべての種類から選ぶことができる。パワーや耐久性によって値段が違う。

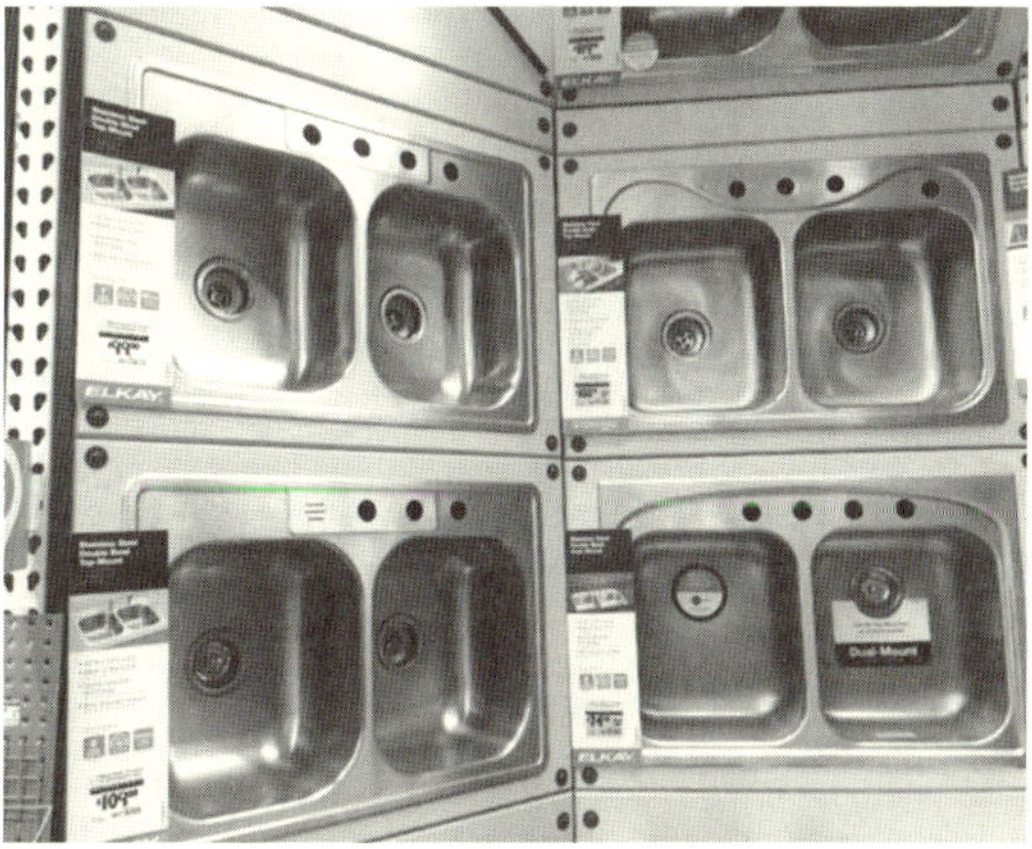
ステンレス製シンク。ホーロー製も選べる。どちらもガベージディスポーザーや蛇口、食洗機がボルトオンで接続可能。

照明器具

アメリカではシーリングファンが主流です。日本だとオシャレで付けているイメージですが、こちらではファンを回して部屋の空気をかき混ぜて、室内を冷やしたり暖めたりと機能重視で使われています。価格はほどほどで、サイズとデザインにもよりますが、安いものだと30ドルから売っています。洗面所や玄関の外に付ける照明器具であれば、安いものなら5ドルから見つかります。ただし、電球が高いです。日本なら1個100円から購入できますが、こちらでは電球は高級品で、日本の数倍はします。

内壁

日本では壁紙（クロス）が主流ですが、アメリカでは壁と天井はペンキで塗ります。壁に穴が開いたらそこを埋めて平らに削り取り、その上からペンキを塗るだけなので補修は簡単にできます。そのため壁の塗装が傷んでいても問題ありません。

プロの目が入ることが当たり前

物件見学の際、日本では「リフォームの職人など業者さんに同行してもらうとよい」とよくいわれます。欠陥を避けることができますし、改修費用を事前に把握できれば計画も立てやすくなります。アメリカでは、購入前に建物検査士に入ってもらうことが半ば常識になっています。

物件見学ではなかなか見つけられない瑕疵は、ホームインスペクター、ターマイトインスペクター（シロアリ検査士）を入れてすべて洗い出します。僕の場合の費用は、ホームインスペクションが３４０ドルから、シロアリ検査が65ドルからでした。隠れている瑕疵に対してプロのチェックが入り、そこで不具合が見つかれば売主に修繕してもらうか、値段を下げてもらうための交渉の材料とします。もちろん、出てきた瑕疵によっては契約の白紙撤回も可能です。

どうしても現地に行けない人は

ここまで現地調査の着眼点をお伝えしてきましたが、どうしても時間的な制約があり、現地で物件の精査をすることができない人もいると思います。

渡米することなく、日本にいながら物件を購入することは理論上は可能です。それには、自分の目と手足となってくれるリアルターが現地にいることが前提になります。その人に全権を委任して購入することになりますが、果たして信頼に値する人物なのかどうか判断するのは難しいでしょう。

その場合は、現地で不動産投資を展開されている方に、リアルターをはじめとするヒューマンリソースを紹介してもらうのは一つの解決策になるはずです。あなた自身がその先人のやり方で問題ないと判断できれば、それを踏襲することで効率化も図れます。

日本にいる友人は、僕の紹介でベーカーズフィールドで戸建て賃貸をスタートさせましたが、彼女は購入のために一度だけこちらを訪れこそしたものの、それ以降は管理会社に任せっきりです。それで、とくに問題も起きていません。現地に信頼のおけるリアルターや管理会社の存在があるからこそで、いまは子育てで忙しいこともあって、次の家は渡米せずに購入しようと画策中です。

手探りしながら違法建築物件のリモデルに挑戦！

ここからは僕がチャレンジした**戸建て物件のリモデル**についてご紹介していきます。

80ページでご紹介した3軒目の戸建ては、もともと2ベッド・1バスだったところ、違法増築によって3ベッドルームになっている物件でした。そこで、行政の建築許可を取って、違法増築部分を解体したうえで**3ベッド・1.75バスにリモデルする**プランを立てました。

すべての窓をペアガラスに交換し、冷風機からエアコンにチェンジ。下水管も固い粘土層を掘って交換してもらいました。屋根の一部もつくり直しました。ほぼ1年がかりの工事で、現場に毎日のように通って自分でも作業する苦労はかなりのものがありましたが、発注からすべてにかかわったこともあり、相場感がついて、本当にいい勉強になりました。

最大の敵はご近所さん!?

どのようにリモデルするか、設計事務所でのミーティングからスタートしました。事前に打ち合わせをしたうえでコントラクターがプレゼンを行い、職人さんも全員参加で会議をします。専門用語が飛びかうなか、意思決定をするのは僕なのですが、はじめてのこともあって、そのときは正直いって見守るしかありませんでした。打ち合わせを行ったら図面をつくり、役所に提出して許可をもらいます。

工事そのものも大変でしたが、工事の途中で何度も近隣から嫌がらせを受けたことがこたえました。何よりも困ったのは、この物件が地域に悪影響を及ぼしていると、コード・バイオレーションの名目で

違法増築部分の撤去工事に、ご近所からの嫌がらせ、空き巣とトラブルが続いたが、その分、経験値を一気に蓄えることができた。

行政に通報されたことです。「現場は管理がいい加減で、不審者のたまり場になる」「子どもが入って事故を起こすかもしれない」。危険な状態であるにもかかわらず、まったく管理下に置かれていないと申し立てをされました。

もちろんそれは虚偽で、僕は毎日のように現場に行っては掃除をしていました。管轄の郡の建築課に申し開きをしに行きます。調査が入ると大ごとです。悪くすると建築許可の取り消しや罰金刑もあり得ます。証拠写真とともに、「こうやってきれいに管理してやってます。これは嫌がらせにほかなりません！」と訴えたところ、工事は止まらず、罰金も払わずに済みました。

試練は続きます。工事中の家に三度も泥棒に入られました。ガレージが破られて、箱に入れたままのウォーターヒーターを盗まれました。ガスでわかしたお湯をタンクにためて使うタイプの温水器で、大きくて高価なものです。ほかにも工事用の一輪車、工作機械、大工道具、材木まですべて盗まれました。毎日作業が終わるたびに窓という窓に木を打ちつけて、簡単に侵入されないように自衛していましたが、それでも被害にあってしまいました。

即席庭師として悪戦苦闘

庭は、樹木の伐採や植栽の撤去から始めました。根っこはクサリを巻きつけてトラックで引き抜きます。大きな切り株はスタンプグラインダーという専用工作機で削りました。同時に石の撤去も進めていきます。スプリンクラーの設置までは業者と一緒に取り組みました。

土壌改良と芝を生やす作業は自力で挑戦することにしたのですが、これによって苦しみを味わうことになりました。

スタンプグラインダーで根っこを削っているところ。機械は1泊126ドルでレンタル。ガス管等の埋設個所に注意が必要。

粘土層の地表面が固すぎるため、まずツルハシを使って地面を掘り起こします。かなりの重労働で手や腕や背中が悲鳴をあげて、途中からはスコップに両足で飛び乗ってホッピングしながら広い敷地を耕したものです。

それが済むと大量の砂をまき、手押し耕運機で土塊を細かく粉砕しながら粘土と砂を混ぜていきます。レーキという大きな熊手の道具を使い敷地を均等にならし、ウォーターバレルという水を入れた大ダルを引いて隅から隅まで整地しました。最後にハイブリッドバミューダグラスという芝がすぐ生える種を買ってきて、手動種まき機で散布しました。

45度の炎天下での作業は辛くて、何度も心が折れそうになりましたが、荒れ果てていた庭に芝を生やすことになんとか成功しました。1年目は芝の密度が低かったのですが、2年目にはしっかり生えそろってくれました。

アメリカのフシギな工事現場

工事現場にはいつも大工さんの愛犬がいてなごみました。

違法増築部分の解体作業では、廃材を捨てるためにダンプスターを手配しました。これは、天井部分がない巨大なコンテナのゴミ箱です。満タンになると電話を入れてコンテナを回収してもらいます。費用は1回捨てるのに1000ドル。何トンも容量があり、すごく大きなサイズです。廃材の分別はいりませんが、コンクリートなど重いものはコンクリート専用のダンプスターがあります。

ゴミといえば、こちらでは不要なものは家の前に置いておくと誰かが持ち去ってくれます。まだ使えるけれど古いガスコンロ、アンティーク感ただようシーリングファン、余ったタイルや木の切れ端なども置いておくと翌日にはなくなっていました。

工事業者は許認可制となっていて、州ごとに管理されています。一方で免許を持たず、税金や保険料も払わずに仕事をしているモグリの業者もいます。

　工務店を介さず直接、職人と取引するほうが安いのは日本と同じです。個人契約の場合、人材派遣会社を通すことで、さまざまな職人を合法的に1日単位で雇うことができます。この方法を使うと、職種にもよりますが、ベーカーズフィールドでは1人につき平均して時給30ドルがかかります。

　安くあげる方法は、先ほどのモグリの職人を雇うこと。交渉次第ですが、2～5割引きくらいにはなるようです。支払いは日払いで対応します。工事の保証はないものの、とにかく安いです。

　工事をしていると行政の監督官が車で回ってきます。ライセンスのない工事業者が摘発されると、数千ドルの罰金、もしくは無報酬で行政の建築現場で働いて刑を務めることになりますが、施主はとがめられないため、この方法に頼る人もいます。

コンクリート専用ダンプスター。鉄製のゴミ容器は、機械操作でトラック後部に引き上げて運搬する仕組み。

半世紀以上前のフローリングを再生

この物件では、ウッドフローリングの部分に前オーナーがわざわざカーペットを敷いていました。僕が購入したときはそのカーペットも古くなっており、張り替えようとはがしたところ、なんと60年以上前の、オリジナルのカッコいい幅狭のフローリングが出てきたのです。シミもあり汚れてはいたものの、「これは磨けばモノになるな！」と、板の表面をサンダー（研磨工具）で削り取りました。サラサラにして専用剤を塗り込んで仕上げたら、見事に昔のオリジナルウッドフローリングがよみがえりました。

ただし、これには労力が必要で、高い人件費として跳ね返ってきます。カーペットを敷いてしまうほうが安上がりで簡単なのは確かです。それでもレトロなフローリングは見た目にも映えて、入居者からも好評でした。

ゴージャスすぎるキッチンも、こちらでは標準

こちらの戸建てのキッチンは、カウンターの長さが4メートル、5メートルとなるのも普通

黒くシミになったカーペットを取り払うと、65年物のオリジナルのフローリングが現れた。表面を削り、磨いて再生。

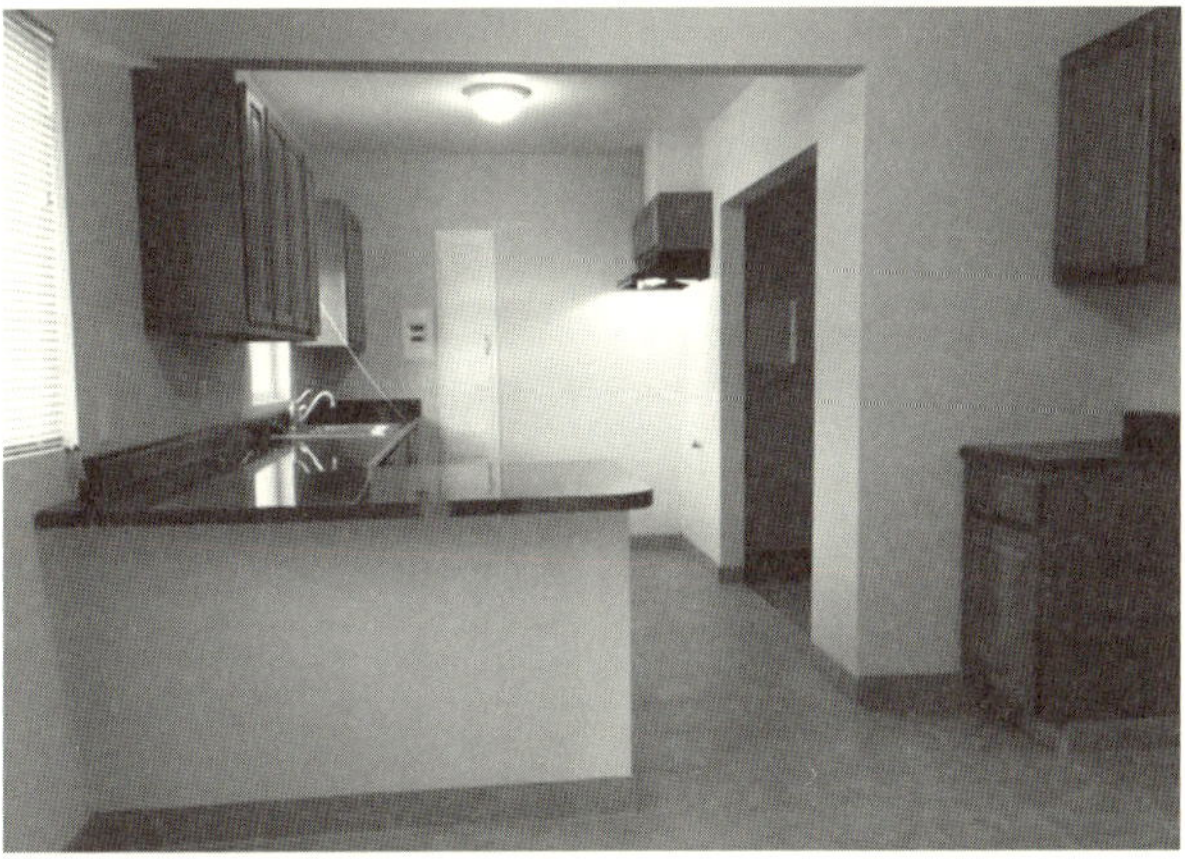

キッチンには手ごろなラミネート天板を使用した。色やサイズを指定できる。納期は2週間ほどで、価格は約600ドル。

です。ベースキャビネット、ウォールキャビネット、トールキャビネットで構成され、その存在感は圧倒的です。せっかくの機会なので、キッチンの天板を思い切って伸ばしてカウンター仕様にして、そこで食事ができるように工夫しました。

ガベージディスポーザーやディッシュウォッシャーは日本ではまだまだ贅沢なイメージですが、こちらでは標準装備です。安いものなら前者は80ドルくらいから、後者は250ドルくらいから売られています。

アメリカで標準の4口コンロ。横幅は約76センチ。日本だと幅60センチの2口が据え置きコンロの標準。

シンクは浅いとお皿が入らないので、深めの2槽式を選びました。浅めのものに比べて20~30ドル割高ですが、使い勝手にかかわる部分です。蛇口も雰囲気のよいものを30~40ドルで選びました。こちらでは住宅設備は種類豊富で、非常に安いです。なお水回りのコンセントを新しくするときには、感電防止機能が付いたGFCIと呼ばれるコンセントを取りつけることが法律で決められています。

コンロはオーブンと一体型が一般的です。

こちらのオーブンではターキーを丸焼きにします。その丸焼きが何個も入る大きなサイズです。その上にあるガスコンロは4口が標準です。この物件には、標準サイズよりひとまわり小さい4口のストーブ（ガスコンロ）が付いていましたが、それを見た管理会社、リアルター、大工さんから「これは小さいからダメだ」と口をそろえていわれて、泣く泣く新品を購入するはめになりました。

日本では機能美にあふれコンパクトにまとまっているタイプが好まれますが、アメリカでは質実剛健で仕事をタフにこなす、大きくて頑丈なもののウケがよく、まるで意識が違います。車もピックアップトラックを筆頭に、SUVやジープなど悪路を走破できる車種に人気があります。彼らは、ヘビーデューティーという言葉がぴったり当てはまる、巨大で頑丈なものが大好きです。

冷風機からエアコンにスイッチ

この物件ではエアコンを新設しています。すべての部屋に新しくダクトを設けて設置しました。相見積もりでは8000～1万3000ドルと出ていましたが、最終的にはインスペクション費用も含めて全部で5400ドルで仕上げました。

すでにダクトが敷設されていて、エアコンが壊れているだけなら新品のエアコン本体と交換するだけです。ダクト工事が不要なので、エアコン本体（2000～3000ドル）とその設置費用で済みます。

75ページでご紹介した僕が住んでいる戸建てには、冷風機とエアコンの両方があります。エアコンが食う電気と比べると、冷風器はその数分の一くらいです。しかしこの3軒目の物件では、まだ十分に使える冷風機をすべて取り払い、その穴をふさいでエアコンだけにしました。

冷風機は夏以外の季節はしまわなければいけません。水をためる専用のパンから水を抜いて、ベアリングに油をさして、機械全体にカバーをかけるメンテナンスが必要です。そのやり方で片づけて、夏が来て戻すときも同じ手順を踏まなければいけないのですが、その作業を一度だけ外注したところ、1時間の作業で120ドルもかかりました。

これは大きな負担です。そこまでしても、入居者がガンガン冷えるエアコン派であれば、オーナーの配慮もほとんど響きません。そこで冷風機は処分して、あえてエアコンだけにしています。

必須条件ではないもののペアガラスに交換

増築するとき、家全体の窓を新品のペアガラスに替えました。窓と窓枠と網戸のフルセットで、各120～300ドルでそろえましたが、とても立派でカッコいいです。

ドアや窓といった建具は日本と比べると驚くほど安いです。ホームセンターに足を運べば家が1軒建つほどの材料がそろっていますし、その規模たるや圧巻です。僕は施主支給でやりましたので、大工さんの買い出しについて行ったおかげでだいぶ詳しくなりました。

ホームセンター以外にも、水回りが充実しているお店や、パイプ、継手の種類が豊富なお店、建具店などがあります。それらの専門店をいくつか使い分けて仕入れました。汎用品でよいのならホームセンターだけでも調達できると思います。

大工さんには日払い方式をとりました。先払いして、万一逃げられてしまったらこわいからです。日本では考えられないことですが、夕方になるとその日進めた分だけのお金をお支払いしました。

毎日のように工事現場に通って、監督を務めながら自分でも作業する日々を1年間続けたおかげで、工事の流れや相場感が身についたと思いま

ホームセンターでドライウォールの仕入れ。ドライウォールは、プラスターボードやシートロックと呼ばれる石膏でできた天井や壁の下地材。不燃性。

す。いまは管理会社経由で工事を発注していますが、処置内容に見合った適正金額が理解できるようになったので管理会社との関係も良好です。

管理会社に間に入ってもらうことで、職人の手配やその都度のお金の支払い、鍵の開閉を含む現場の管理業務から解放されて助かっています。基本的に、やってもらうことは日本の管理会社と一緒ですが、なにせアメリカでは動いてもらわないと困る業者が動かないなんてことがよくあるので大変です。任せられる管理会社の価値はより大きいと思います。

コラム　お腹をこわして1週間のお休み!?

〝現場監督〟として1年間リモデルをやってみて感じたことは、こちらは「ルーズな人が多い」ということです。

日本では直接、職人さんたちと仕事をしてきましたから、アメリカでも同じ感覚で進めようとしましたが、1週間くらい職人さんから連絡が途絶えることもありました。そのときは「チキンにしっかり火が通ってなくて、お腹をこわしていた」と、小学生のような言い訳が返ってきました。

あとは、マナーの悪い人がいて、たまたまなのかもしれませんが、工事で出たゴミが敷地内のいたるところに隠されていたこともありました。

このような傾向は、ライセンスのないモグリの業者だと顕著です。友人の投資家は、「お金がないから部材の仕入れができない」といわれてお金を渡したところ、そのまま持ち逃げされてしまい、最終的には裁判にまでなったといっていました。

僕は、毎日毎日、仕事をした分にしか払いませんでした。なるべく仕入れ代を先に渡さないようにして、やむを得ないときは、運転免許証と乗ってきた車を写真に撮って、できる限りの自衛手段をとったうえでギリギリのお金を渡していました。

日本と比べると、時間を守らない、約束を守れない面はどうしてもあります。このような自衛の策を弄する手間がイヤであれば、料金は上がりますが、管理会社を通して仕事をお願いすることになると思います。

そのほか、違法建築部分や排水設備もリモデル

ポーチ

ポーチは、屋根と、コンクリートやタイル敷きの床を備えた外スペースのことで、テーブルと椅子、バーベキューセットなどを置いてくつろぐ憩いの場です。ポーチがあると家の資産価

値が上がります。この家にはポーチがなかったので建築許可を取りつけて、母屋の屋根と一体型のポーチを新設しました。

ブリーズウェイ

ガレージと母屋をつなぐ、屋根のついた渡り廊下をブリーズウェイといいます。その部分に壁がつくられて部屋として利用されていたのですが、建築許可を得ていなかったので違法で

ポーチはベッドルーム2つ分くらいの広さがあり、開放感に富む。塀で囲われた裏庭は完全なプライベート空間。

ブリーズウェイを覆っていた壁を取り壊したところ。コンクリート床には直にカーペットが敷かれていた。左手はガレージ。

す。そこで全体を取り壊して、ベッドルームとバスルームを新設することにしました。行政の指導で基礎からやり直すことになり、コンクリートの底板を壊すためにジャックハンマーという重機を使いました。残ったガレキは一輪車を使ってダンプスターまで何十往復もして運び出しましたが、これは骨が折れました。

ドア

ドアノブも、ホームセンターで10～15ドルほどで質のよいものが売っています。ドアノブの後ろの金色や銀色のメタル下地をドアシューといい、これも15ドル程度です。

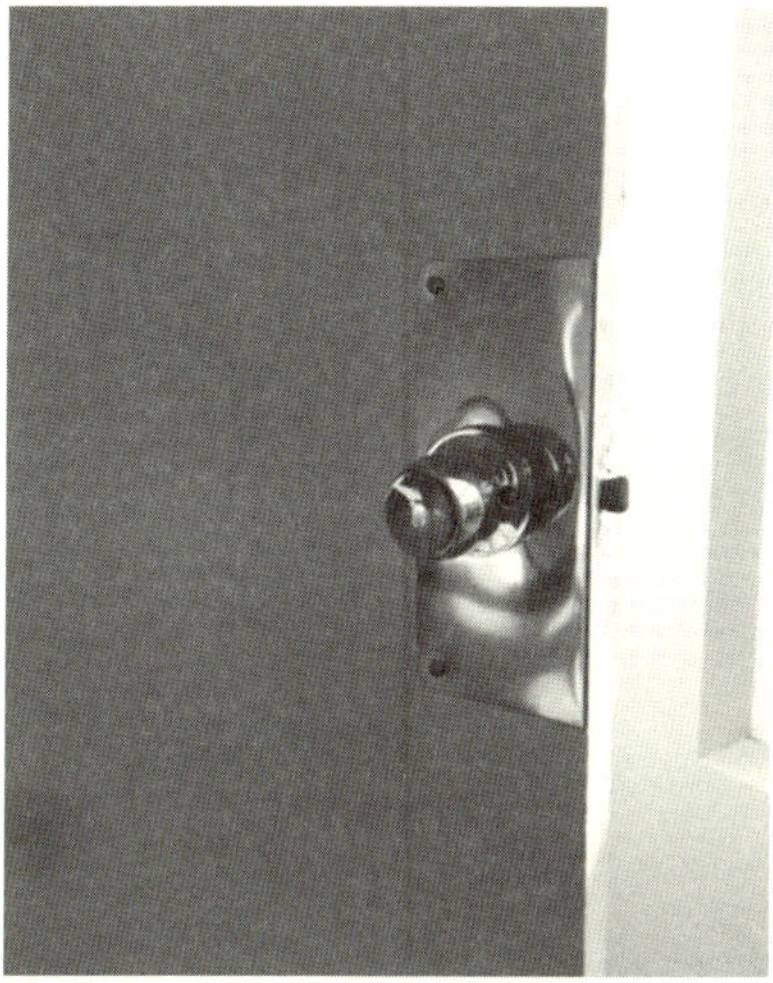

ドアシューは見た目にも美しく、豪華さを演出するのに便利。ホテルでも見かけるが、あら隠しが本来の目的。

古いドアからドアノブや鍵を外して新しいものに交換するとき、ノブの規格や形状の違いで隙間が生じることがあります。ドアシューはそれを隠すために使いますが、見た目にも立派でドアを際立たせるアクセントにもなります。ホゾ穴はノミと金槌を使って自分で調整しました。

ドア本体は、ニスやペンキできれいにします。ドアとドア枠の隙間をふさぐウェザーストリップと、壁との衝突からドアを保護するバネ式の戸当りを装着して完成させました。

玄関まわり

玄関ポーチに造作されていた木製の手すりと植え込みは今回すべて撤去しました。

玄関のライトはオリジナルを磨いて再利用しましたが、レトロで気に入っています。入り口の横の大きな窓は、ガラスサッシ専門店に発注してペアガラスにしました。大きなサイズですが、300ドルと安価です。細かくサイズ指定ができるオーダーメイド式で、納品までも3週間とかかりません。

排水設備

60年以上前に地下1メートル付近に埋設された古い下水管が割れて腐っているということで、新品と入れ替えました。固い粘土層を人力で掘ります。1800ドルかけて掘削と管の交換を行いました。

玄関は建物の顔。レトロな照明器具と巨大な二重サッシ窓がよく映える。スチール製の古い防犯ドアは塗装でよみがえらせた。

石のような粘土層を掘って、ようやく半世紀前の下水管を取り出した。気温45度の炎天下での作業は過酷そのもの。

バスルーム

65年間使われてきた古いバスルームは、すべて壊してつくり直しました。バスタブを取り外したのですが、古いものは頑丈でとてつもなく重いです。そんなものでも家の前に置いておく

新式バスタブはかなり軽量。目地が汚れやすいタイル壁より清潔感がある。シングルレバー混合栓は別売り。

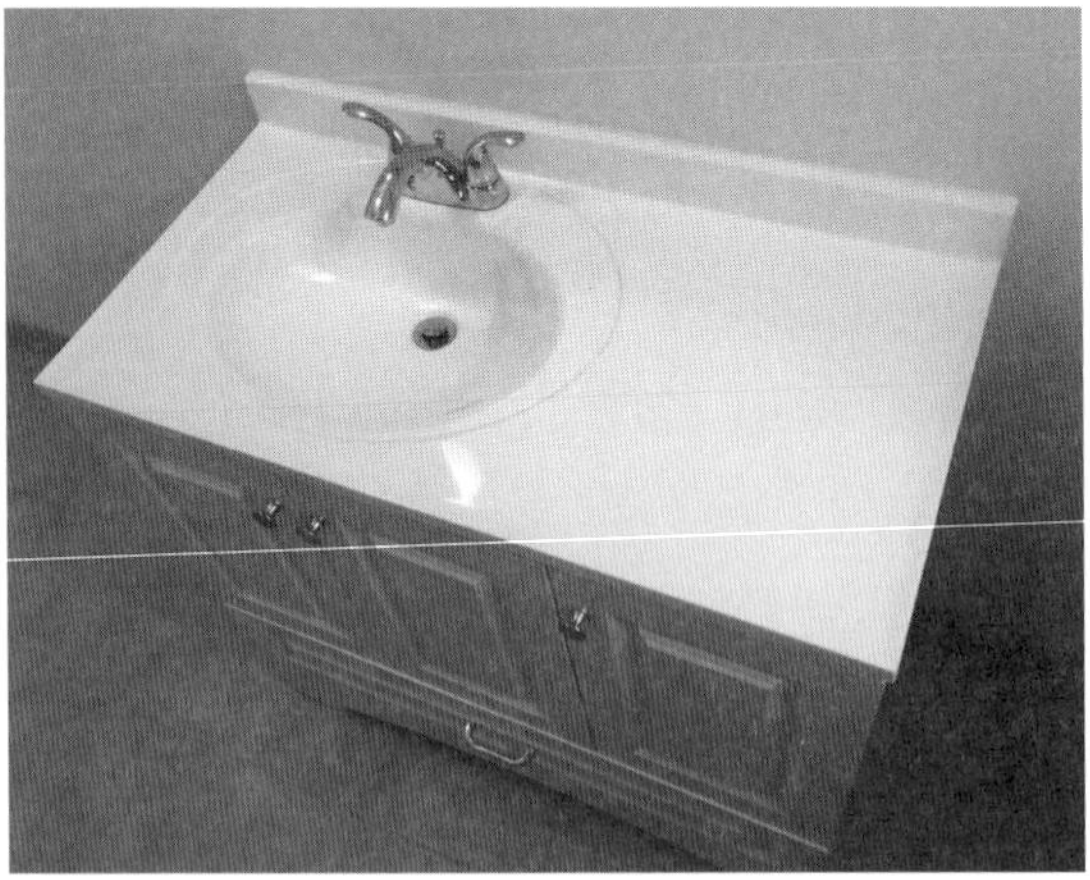

コンパクトタイプだが、日本の標準サイズより大きい。鏡と照明と蛇口は別売りで、各20 ～ 40ドルでそろえられる。

床板やヒーター、クローゼットは1949年当時のオリジナル。
壁から天井にかけての曲線も当時の流行を再現する。

とあっという間に消えてしまいます。鉄クズとして20ドルくらいになるそうです。

洗面化粧台も新調しています。壁と一体型の新しいバスタブは300ドルもしませんでした。洗面化粧台は120ドルのものを入れています。

水回りの床はタイルで、30センチ四方のタイルを敷き詰めましたが、1枚1ドルもかかりません。トイレの便器は一番安いものを選びました。一式で90ドルでした。設備自体はリーズナブルですが、設置や施工の費用が別途かかります。

リビングルーム

60年以上前のヒーターがあり、壁の裏にも送風口があります。ガスで部屋を暖める仕組みで、これはそのまま使っています。

天井と壁の境目は、エッジを立たせないで弧を描くように丸く施工しました。ドライウォール工法の壁に、専用のジョイントコンパウンドを盛って形を自由につくることができます。演出方法の一つです。

既存のものよりも明るい色で全塗装を行う。日本でのDIYの経験が役に立った。道具や要領は日本とアメリカで共通する。

壁の塗装

ペンキは、奇抜な色は敬遠されます。上塗りをしてメンテナンスを行うため、30年後でも同じ色が残っているようなペンキが好まれます。汚れが出たら同じ色のペンキを上から塗るだけなので、手入れがラクで経済的です。汚れの程度によっては部分塗装だけで済ませたりと、ペンキはごまかしがききます。

今回は全体的に汚れていたので、壁や天井、ドアなどすべてを塗装しました。延べ床面積1300sqft（約120㎡）で、2000ドルほどかかりました。

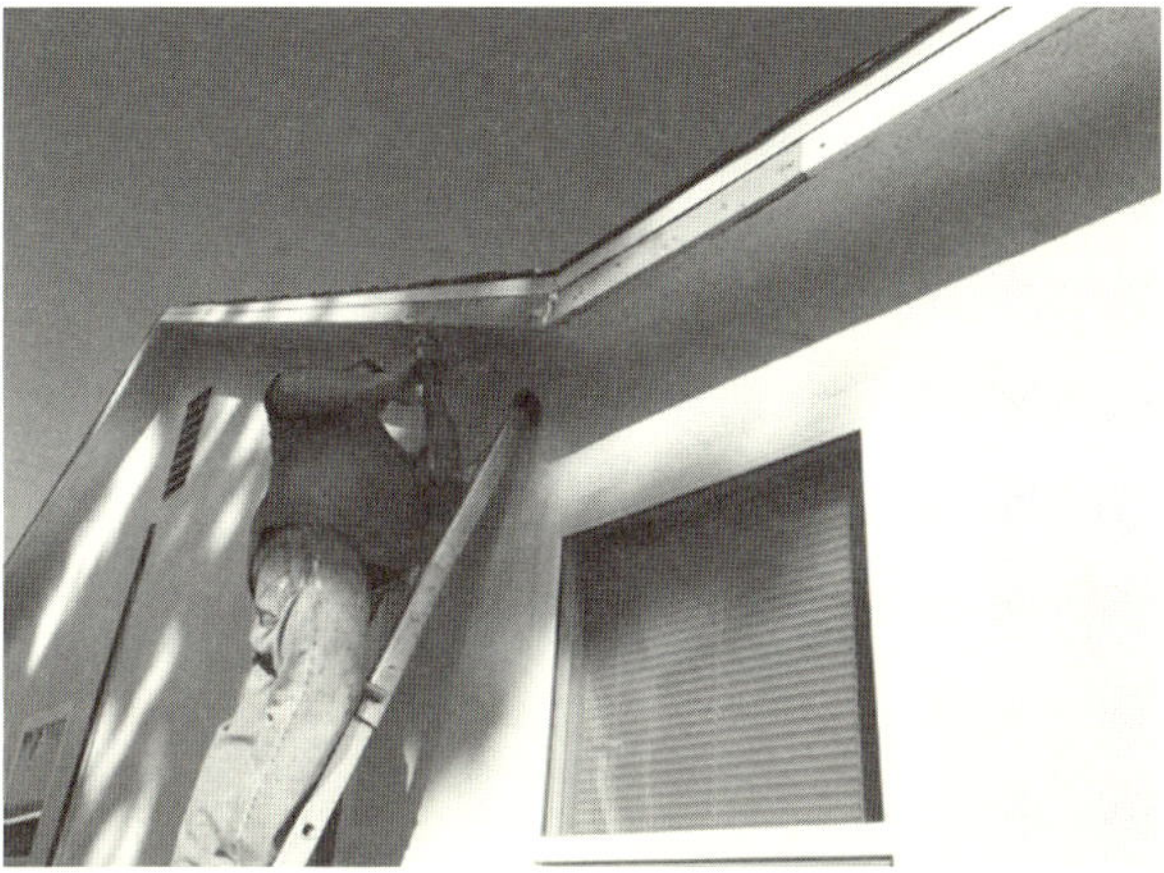

屋根まわり。
大工さんを派遣してもらい、
フェイシャボードと呼ばれる鼻隠しの板を交換。

フロントヤード。
荒れ果てた粘土層の庭の土壌改良を行ったうえで、芝を植えた。

リビングとダイニングの隔壁をうがつ電話機置き場。
レトロなデザインが新鮮。

シャワーブース。
300ドルのものを設置。
見た目より広くてゆったりしており、
内見者のウケもよかった。

マスターベッドルーム。ブリーズウェイに
違法に増築されていた部屋を取り壊して
主寝室をつくった。床はタイル張り。

廊下にあったビルトインのタンス。
年代物だが塗装を施し、
建て付けを調整してよみがえらせた。

僕が現場に入っていると、カップルや通りすがりの見学者が現れて、「家賃はいくら？　なかを見せてくれ」と、よく声をかけられました。それだけ貸家が不足しているということです。結局、入居者は我慢しきれなくなってリモデルが完成する数日前に引っ越してきました。

この3軒目の物件のリモデルにはトータルで6万ドルもかかりました。当初は3万ドルくらいだろうと夕カをくくっていたのですが甘かったです。どんどん工期が延びてお金も消えていくので不安に駆られました。

賃料は900ドルを想定していましたが、実際は**1150ドル**で貸すことができています。リモデル後の利回りは表面利回りで**11％強**、収益還元利回りで**8％強**と、結果的に悪くありません。購入価格6万5000ドルに対して、売却するとしたら**14万ドル以上**という評価も出ており、満足できる数字をつくり出せた手応えを持っています。

interview
現地のプロに聞いてみた！

管理会社マネージャー
ジェニータ・ホルマンさん
Genita Holman

――ベーカーズフィールドの不動産管理会社・ペンシンガー社で働くジェニータさんにお話をうかがいます。

　皆さんはじめまして。ジェニータといいます。ペンシンガー社でオフィスマネージャーを務めています。今日はボスに代わってお答えいたします。

　私たちの会社は2010年6月に立ち上がって、現在6名が働いています。社歴はまだ6年ですが、ボスはこれまでベーカーズフィールドで管理会社2社の立ち上げに参加しており、20年以上この業界にかかわってきました。社長以下、全スタッフを女性で固め、キメの細かなサービスを心がけています。立ち上げ当時は10軒ほどの管理からスタートしましたが、正直で誠実な仕事ぶりが評価され、いまでは管理戸数も450を超えて、順調に拡大を続けています。

――ペンシンガー社の管理の仕組みを教えてください。

　管理会社の運営には、「Salesperson」と「Broker」の2種類の免許が必要になりま

す。営業許可やルールは州ごとに異なってい
ます。私たちは不動産売買も取り扱っていま
すが、今回は管理会社としてお話をさせてい
ただきます。

ペンシンガー社には受付・会計・メンテナンス・管理の4つの部門があり、私は管理とリーダーを兼任しています。テナントの募集は、おもにウェブサイトやコミュニティサイト、現地看板、クライアントからの紹介で行っています。クラシカルな方法ですが現地看板にはこだわっていて、ただあればよいというものではなくて、体裁が信用を左右することを経験から学びました。

管理費は賃料の8%をベースに、規模によって下げています。客付け時と退去時には賃料の30%の費用を頂戴しています。オーナーが自主管理をされる場合は、客付け時に賃料の50%をいただいています。

――アメリカでは入居者の選定は管理会社が行って、オーナーがそれを追認します。入居者選定の細目はどうなっていますか?

入居申込みは、4枚綴りの申込書に記入してもらうところから始まります。免許証もしくはパスポート、社会保障番号、2カ月分の給与明細書、自営業者の場合は確定申告書と直近3カ月分の銀行明細書が必要で、20ドルの申請料がかかります。18歳以上で、かつ賃料の2・5倍以上の収入があることが条件です。

また、次の条件に一つでも当てはまると、私たちはハイリスク申請者とみなします。

● クレジットスコアが600スコア未満
● 債権回収の履歴がある
● 賃貸がはじめて
● 自己破産や差し押さえの履歴がある
● 租税先取特権の履歴がある
● いまの職に就いてから3カ月未満

ハイリスク申請者には、700スコア以上ある人に保証人としてついてもらうか、デポジットを増額するか、どちらかを選択いただきます。

前の入居先や勤務先へのインタビューも行います。犯罪履歴も調査項目の一つです。これらのルールに例外はありません。

性別、人種、職業などによる一切の差別は禁止されています。

私たちの管理物件は他社よりも追い出しに至るケースが少ないことが誇りです。入居者とのコミュニケーションがカギと考えており、「時機を逃さず、すぐに取りかかれ！」をモットーに仕事をしています。

——契約の更新や賃料変更などはどうなっていますか?

最初の契約は1年間で、それ以降は自動的に毎月の更新へと移行します。契約書は最初にそのように締結されていますので、契約書類の更新はありません。

テナントからの退去の告知は、最初の1年間は30日前予告、それ以降は60日前予告となり、書面で受けつけています。オーナーが退去させたい場合も、日数の規定はこれと同じです。追い出す理由はとくには不要ですが、条例で規制している市町村もあります。

賃料の変更は、基本的にオーナーの勝手な意向ではなく、経済情勢を反映させて行います。年間で10％以下の値上げは更新日より30日前の告知で、それ以上の値上げは60日前の告知が必要です。これらは市町村ごとに独自のルールがありますので投資家の皆さんは注意してください。ちなみに入居中の賃料を下げることはあまりなく、入れ替えのタイミングで募集賃料を変更するのが普通です。

――管理にまつわるエピソードを教えてください。

ベーカーズフィールドの夏は長くてとても暑いのですが、壊れたエアコンの修理対応が遅れると、激高して理性を失った入居者に怒鳴り込まれるなんてことも起こり得ます。先日ヒロさんの自宅エアコンが壊れて、16時過ぎにご依頼の電話をもらって、当日中に修理を完了させたことに感激されましたが、それは、この点をよく心得ているからにほかなりません。

それから先日の出来事ですが、スタッフが空き家の管理物件を確認しに行ったところ、見知らぬ女性がシャワーを浴びているところに遭遇しました。すぐに保安官を呼んで追い出してもらいましたが、２０１５年に法律が改正されるまでは、手続きを踏んで裁判所に立ち退き命令をもらうまでは手が出せませんでした。

こうした苦労はついて回りますが、一方ではは毎年クリスマスカードやフルーツバスケットをくださり、私たちの管理物件内での引っ越しを希望されるようなお客さまにも恵まれています。

いろいろな人がいますので、私たちの会社では社員が会社で1人きりになることは禁止されています。

――日本の投資家に一言お願いします。

いまベーカーズフィールドの貸家業界はとても活気があります。戸建てはすぐに借り手がつき、まさに貸し手優位の市況です。ここでは16世帯以上のアパートにはマネージャーを常駐させる義務があって、責任と負担が増します。戸建てはアパートに比べて圧倒的にクレームが少なく、貸しやすく、価値が上がりやすく、売却しやすいです。ここだけの話、私も将来のために6軒を運用していますが、戸建ては最高の資産と思っています。最近では州外や外国からも投資家が集まりつつあって、私たちもそのことに驚いています。日本の投資家の皆さんも、ぜひお待ちしています。

第6章

海外に物件を持ったときの確定申告、税金、減価償却

日本からのコントロールについて

僕が日本に居住しながら購入した1軒目の戸建て物件は、購入手続きを終えて日本に帰ってからは管理会社経由で修繕してもらいました。賃貸に出すまで少し時間を要しましたが、その管理会社への連絡はメールのみで、電話すらしていません。**とくに急を要しない修繕や簡単な修繕には、ある程度の裁量を管理会社に付与しておき、「かかる費用が200ドルまでなら事後連絡でかまわないですよ」という形でお任せしました。**

このスタイルは日本での不動産投資でもやってきたことです。「ドアノブが壊れた」くらいのアクシデントなら、「修理しておきました」という事後連絡で、費用についてもその都度、「60ドルかかりました」「今回は80ドルかかっています」など、すべてメール報告で完結しています。

遠隔コントロールを行ったこの1軒目の戸建てでは、貸し出してからも修繕がいくつか発生しました。なかには裁量以上の修繕もあります。たとえばガレージのオープナーが壊れていたことがありました。オープナーは、リモコンスイッチを押すとガレージのシャッターを巻き上げる機械で、管理会社から「壊れている。どうしますか」とのメールがあり、交換修理を依頼したところ、修理の前に、いくらまでかかるのか、ちゃんと説明がありました。僕のおつき合いしている管理会社は非常に良心的だと思います。

というのは、**日本にいながら海外投資している方から過剰請求に悩んでいる話をよく聞く**からです。本当に直しているのか確認のしようがないなか、細かく修繕の必要性を訴えられたあげく、どんどんお金を取られるそうです。テネシー州のメンフィスに投資している方は、それがイヤでもう物件を売りたいといっていました。

「それが適正な金額なのか、あるいはそれが適正な工事なのかすらわからない」という遠隔地ならではの悩みです。僕からは、施工前後の写真を送ってもらったらどうかと提案しましたが、そのやりとり自体が簡単ではないとのことでした。

やはり管理会社とのいい出会いがないと、そういった点が一つの障壁になってしまうこともあるようです。僕は、**信頼がおける方から管理会社を紹介してもらった**クチで、具体的には、リアルターから地元で評判の管理会社につないでもらいました。

アメリカには「Yelp」（イェルプ）という有名なレビューサイトがあります。会社の評判はこういったレビューサイトで簡単に確認できます。ネットでの口コミなら日本にいながら確認できますから、紹介と口コミのダブルで管理会社の選定を行うのはよい方法だと思います。

アメリカに不動産を持ったら確定申告はどうなる?

アメリカで物件を購入したら、**必ずアメリカで確定申告が発生します**。日本居住者がアメリカで確定申告をする場合は、「タックスIDナンバー」という納税者番号が必要です。

アメリカも12月31日で年度が終わりますが、確定申告の期限は日本と違って、基本的に4月15日までです。「連邦税」といって国に納める所得税と、「州税」といって物件のある州に納める所得税の2つの申告が必要です(ワシントン州やテキサス州など、州によっては所得税がないところもあります)。アメリカの確定申告は、CPA(米国公認会計士)に任せるか、市販のソフトを使って自分で申告するか、どちらかで行うのが一般的です。

タックスIDナンバーは、確定申告の申請時にダウンロードする書式のなかの1枚に、「○○のために納税者番号が必要です」という理由を書いて、サインとパスポートのコピーを添えて提出すれば誰でも取得できます。

そのような手続きが苦手な方は、CPAにお願いすればいいでしょう。日本に在住しているアメリカのCPAは、ネットで「米国公認会計士事務所」と検索すれば簡単に見つけ出せます。ただし、**CPAは州ごとに認定されていますので、ご自分の物件のある州と一致させることを忘れないでください。**

僕がアメリカでお願いしている管理会社は、月ごとの家賃収入の明細表をPDFファイルで送ってくれます。年度が終わると、管理会社の顧問CPAの正式なサインが入った1年分の集計表を無料でもらえます。これで1年間の収支が一目瞭然でわかります。修繕やトラブルにともなう出費など細かい計算を一切せずとも、もらったレポートをCPAに渡すだけでスムーズに確定申告ができました。物件が1～2軒くらいなら自力で確定申告に挑戦してみるのもよいかもしれません。

CPAに払うギャランティは？

日本では個人や法人が確定申告をするときに頼るのは税理士ですが、アメリカではCPAに依頼します。CPAは州ごとの資格です。ホームページを見れば、どこの州に対応しているかがわかります。

僕が日本在住のころは、新宿にある「米国公認会計士事務所」の看板を掲げているところにお願いしていました。用件はすべてメールで済ませることができて便利でした。アメリカの確定申告をするために、わざわざ事務所に出向き、専門家と膝を突き合わせて……といった面倒は一切ありませんでした。

ＣＰＡの報酬は、物件数や内容によってピンキリです。僕が日本居住者のころは、ＣＰＡのフィーは年間およそ5万円のみで、毎月の顧問料はありませんでした。アメリカ在住となったいまでは同じ事務所のロス支店に移管していますが、税務処理が複雑になり手間もかかるということで、年間の報酬は４０００ドルに跳ね上がりました（月々の顧問料はありません）。というのも、僕がアメリカ居住者となり、日本で申告している法人と個人の確定申告書をアメリカ当局にも報告する義務が生じたからです。

逆にいえば、アメリカ居住者にならない限りは、アメリカ国内の物件だけの報告で済みますので、さほど大きな額にはならないということです。不動産物件の経費はシンプルなので、処理にはとくに時間を要さないはずです。それが1軒増えようが2軒増えようが、あまり金額は変わらないと思います。

また、僕が日本に居住していたころの年間5万円というのは一つの相場だと思いますが、これは大手の会社にお願いしての額です。個人で仕事をしているＣＰＡなら、もう少し安く引き受けてもらえる可能性もあるでしょう。

確定申告はアメリカと日本の両方で行う

日本居住者は、源泉がアメリカのもの（収入がアメリカで発生するもの）だけに限ってアメリカで確定申告の義務があります。アメリカの法律に基づいて連邦税と州税を納税しますが、同時に日本の税法に則り日本でも納税します。つまり、2カ国それぞれの法律と税の算出方法に従って2カ国で確定申告をすることになります。

確定申告では、日本で**外国税額控除**を使います。これは二重課税を調整するために、外国で納付した税金を、一定の範囲で日本に支払う税額から控除する仕組みです。たとえばアメリカから「2万ドルを納めなさい」と通達が届いて、日本の税法では「3万ドルを払わなければいけません」となっていたら、アメリカですでに2万ドルを払っているから、残りの1万ドルだけを日本で納めればいいという具合になります。

ただし、これには所得税の超過額を返還してもらう「還付」の適用がありません。アメリカへの納税額が日本の納税額を上回っている場合には、日本の国庫から超過した差額の返金はなく、結果として納め損です。外国税額控除は、**残念ながら二重課税の完全な解決策とはなりま**

せん。それに日本の税理士とアメリカのCPAの2人を雇わねばならないので経費も二重にかかります。

あとは税金を納めるときに為替の影響を受けます。円が強ければ、日本の居住者にとってアメリカでの納税負担が軽くなり、円が安ければ安いほど、アメリカでの税負担が重くなります。為替の影響を受けることはメリットでもありデメリットでもあります。

日本人がアメリカ不動産を持つことの税金面からのメリット

日本では、戸建てのような木造物件であれば、物件取得時の築年数が法定耐用年数の22年を過ぎていれば、簡便法という方法を用いて最短4年間で減価償却できます。短期で償却できるため、たくさん利益が出て、その分たくさん納税することになる人には有利です。そして日本での確定申告では、**日本居住者が所有しているアメリカの物件にもこの方法を適用できます**。日本居住者である限り、海外にあるものでも、日本への申告では日本の税法に基づいて計算します。

また、アメリカは国土が広いため、**大半の物件で土地値が安い**です。僕が住んでいるベーカ

アメリカ戸建ての土地と建物の割合

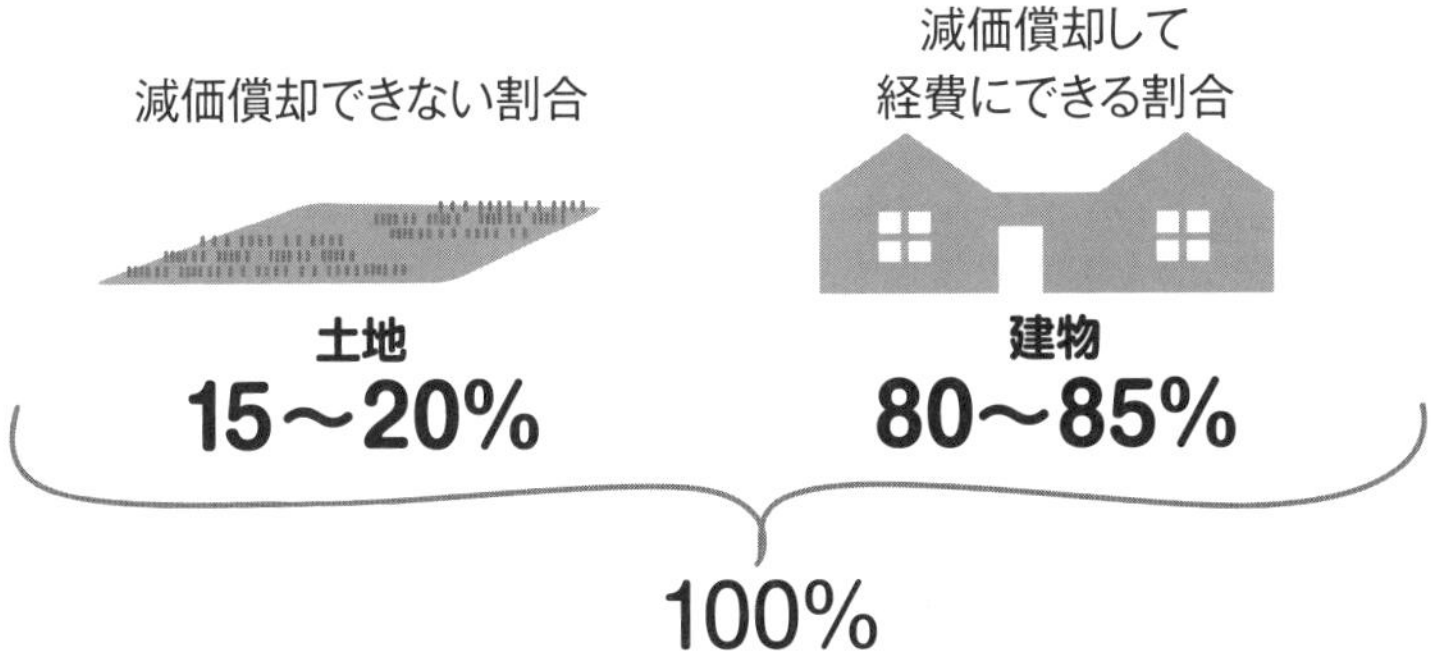

土地値が安いアメリカでは建物の割合が大きくなるので、日本での確定申告で減価償却を大きく取れる。

ーズフィールドだと、物件価値を100%とすると、その構成比率は土地が15〜20%で、建物が85〜80%となります。日本のそれと比べてもらうと一目瞭然で、償却できる建物の割合が圧倒的に大きいのです。

この土地と建物の比率に関しては、アメリカの固定資産税（プロパティタックス）の請求書に税務上の土地と建物の評価額がずばり記載されているので、その割合を使用します。徴税のために地方政府が公的に算出している数値ですから、これ以上確かなものはありません。**減価償却時に建物割合を多く取れることは、日本での確定申告で大きな節税を目指す人にとっては見逃せないメリットになります。**

また、第1章で述べたとおり、アメリカの不動産はモノ全体のインフレ率を上回る勢いで、その価値を上げています。たとえ建物が古くなっても、どんどん価値が上がっていくのです。

理由の一つとして、日米の租税の仕組みの違いがあると思います。日本では税務上、古い建物は償却期間が短くなるのが通例ですが、アメリカでは建物の所有者が代わった時点で、新築同様に一律**27・5年間**の償却期間を取れます（居住用に限る。躯体構造は不問）。そのため、税務上は**建物の価値が必ず担保されている**のです。減価償却期間は日米での大きな違いで、アメリカでは物件を取得すると、居住用の建物は一律27・5年で按分して計算するルールになっています（商業用は39年間を基点とする）。

この減価償却期間の長さは、節税という面から見れば必ずしもメリットではありませんが、別の面から見れば**古い建物は半永久的に命を吹き込まれる**ということです。住宅取引に占める中古の割合が4割に満たない日本に対して、アメリカでは中古物件が住宅取引に占める割合は8割にも達していて成熟した市場を形成しています。

アメリカの不動産を売却したら税金はどのくらいになる？

僕はまだアメリカでは売却の経験がありません。こちらのＣＰＡに確認したところ、アメリカ居住者という身分で、もしも僕がいまカリフォルニア州に持っている投資用不動産を売却したら、連邦税と州税の2つを払うことになると教えられました。

２０１５年度の税率に照らすと、連邦税は所有期間1年以上で利益の15％で、州税は１１・３％（累進税率）でした。つまり、合計で２６・３％が譲渡税の税率になります（「１０３１エクスチェンジ」という買い換え特例を利用して、そっくり譲渡税を繰り延べする方法もありますが、ここでは単純売却という設定です）。

ただし、ＣＰＡは「レート（税率）が頻繁に変わる」ということをいっていました。日本では税率はそれほど変わりませんが、アメリカは本当によく動くようです。ましてや州税は州ごとに異なります。また、アメリカでは大統領が代われば制度自体が一変する可能性もあります。アメリカでは誰が大統領になるかで、法律も税制も大幅に変わります。

さて、**アメリカ非居住者がたとえばカリフォルニアの不動産を売却した場合、連邦税15％と3・3％の州税が売却価格（売却益ではない）に対して源泉徴収されます**。その後、確定申告時に、売却益に応じた税率分を再計算して調整されます（所有期間や利益幅にもよりますが、譲渡税は、**おおよそ利益の2〜3割のイメージ**です。詳しくはＣＰＡに確認してください）。

さらにアメリカ非居住者は日本でも納税します。所有期間が丸5年を超えていて、長期譲渡所得に該当したとすると、その場合、譲渡税と住民税がそれぞれ15％と5％で、合計20％になります。注意点としては、日本の長期譲渡税は個人にしかかかりません。法人名義で売却した場合には長期や短期というくくりはなく、源泉分離課税でもありません。最終的な利益の合計に法人税の税率をかけて算出します。そして個人と法人のどちらでも、二重課税とならないように外国税額控除を使って、先にアメリカに支払った金額を差し引きます。

このように税務処理はそれぞれの国の法律に縛られるので複雑になることは避けられません。減価償却一つを取っても日本とアメリカではルールが異なりますから、単純に税率だけで、売却にかかる税金が「高い」「安い」とはいえません。さらにはアメリカのCPA，日本の税理士の費用がかかります。

そして、外国税額控除には他国に納めすぎた税金を取り戻す機能がないため、納め損になってしまう可能性があります。結局は税率の高いほうに帳尻を合わせて納税することになります。売却時の税金はこのようになるわけですが、所有している期間中は日本の確定申告で大量に減価償却を取っています。減価償却費は〝お金が出ていかない経費〟ですから、そのメリットははかり知れない大きさがあります。

なお、アメリカでは法人名義で物件を購入することもできますが、個人で購入するケースが多いようです。僕も個人名義です。

また、物件の所有期間はアメリカでは平均7年といわれています。結婚や転職、家族構成の変化など、その時々のライフスタイルに合わせて引っ越しを行い、意外とフットワークは軽いようです。ただし、フリップ（Flip）と呼ばれる手法で短期売買を繰り返して利ザヤを稼ぎ出すことも行われています。日本では反復継続していると業に当たるため、開業している不動産業者でない限り禁止されていますが、アメリカでは個人でも許されていて、それを生業にしている人もいます。

さらなるドル資産を目指して

アメリカで不動産投資を行ってドルの源泉を手に入れるとなったら、ドルをそのまま寝かせておくのはもったいない、と考える人もいると思います。

そういったとき、たとえば積立保険で運用する方法があります。保険の中途解約で戻ってくるお金が解約返戻《へんれい》金で、満期で支払われるお金が満期保険金です。アメリカの保険では、満期保険金は掛け金の何倍にもなって戻ってくるのが普通です。

たとえば300万円の掛け金をかけたら、少なくとも3倍強の1000万円になって戻ってくるのは一般的なことで、掛け金の4～6倍にも膨れ上がることもあります。これまでがそうだからといって将来の運用成績が保証されるものではありませんが、それがとくに秀でた戻り方ではなく、当たり前の数字なのです。

こちらのプライベートバンカーの方に、**「初心者であればこのような商品もありますよ」**と提案されたのがS&P500に連動した保険商品です。S&P500は、ご存じのとおり、アメリカの投資情報会社スタンダード・アンド・プアーズ社が抽出した500社の銘柄によって構成されるアメリカの代表的な株価指数です。

S&P500に連動させて資金を運用する保険で、元本保証タイプのものもあります。この保険のことを額面どおり受け取るとするなら、**絶対にお金が減らない状態で、最後にはおおよそ数倍にはなる**ということで、日本ではちょっと考えにくい商品です。日本での販売は行われていないため、ハワイやロスで契約している日本人もいるそうです。元本が保証されている限り、リスクは〝保険会社が倒産したとき〟になりますが、それも保険機構による保証があります。

掛け金は通常は経費となりませんが、法人がオーナーを被保険者とすることで経費となる場合もあるようです。

また、この商品の面白いところは、満期が来る前にお金を保険会社から借りられることです。お金を借りる前に、まず自分の積み上げた掛け金を使用しますが、これは利益ではないため税金がかかりません。次に、運用益に相当するお金を解約して使用すると税金がかかりますが、解約せずに保険会社から低利で借りると、そのローンには税金がかかりません。借りたお金は最後に満期保険金で返済することになり、そのときの税金と運用益を合わせると、結果的には手出しがなくて済みます。ですから、わざわざ解約して税金を払って使う人はいないそうです。なお、アメリカでは死亡保険金は無税です。

気になる運用方法は、予定利率にマイナスの連動はありませんが、トレードオフとして儲けの上限が決められています。決められた上限額以上の運用益はすべて保険会社に入るルールです。これまでの実績を見ると、うまく運用できたとして、掛け金の3〜4倍になりそうだと見込めますが、設定された額以上は儲けになりません。ただしマイナスにもなりませんから、口座にお金を残しておくよりはいいだろうという話です。そのほかのデメリットは、お金が一定期間拘束されてしまうことや、途中で解約した場合のペナルティがあることです。

世界には無数の金融商品があります。世界中にある保険商品や金融商品のなかで日本で販売されているのはごく一部で、かつ金融庁のルールに従うために日本仕様にローカライズされて魅力が削られているものもあります。日本と海外で同じような金融商品を買ったとしても、それは決して同じではないということは覚えておいてよいでしょう。

富裕層好みのスペシャルな不動産投資

アメリカの富裕層が行う不動産投資に「トリプルネットリース」(NNN Lease)という手法

があります。〝ネットリース〟（Net Lease）は、賃貸借の条件を表します。**不動産税、保険料、そしてメンテナンス費の3つの費用が賃借人負担となる契約形態**をトリプルネットリースといい、富裕層好みとして知られています。

投資資金のボリュームが大きくなるため、その資金を手当てできる人でないと入り口に立つことができません。少額投資では経費倒れになってしまうそうです。僕が見てきたトリプルネットリースの投資商品では、スターバックスによる借り上げが決まっている土地を購入するというものがありました。スタバのような有名フランチャイズ店のオーナーに間接的になることができるというものです。

デメリットは、貸し付けた企業がどうかなってしまうリスクがあること。それとリターンの金額がそれほどでもないことです。

ただし、長く契約すればするほど利益が入ってくる仕組みになっています。契約書を見たところ、インフレで家賃が上がっていくことも織り込み済みでした。

お金を手元で遊ばせておくくらいなら、とりあえずこういった商品に投資しておくか、というオプションの一つなのでしょう。投資先が末永く繁栄してくれれば、いずれ大きく儲かるだろうと、手間をかけずに優雅にかまえる富裕層たちの姿がイメージできます。

資金ボリュームは、ネバダ州やアリゾナ州の僻地に〝ドライブスルーのスタバをつくる〟という案件が150万ドルほどでした。僻地ということで、トリプルネットリースのなかでは安い部類に入ります。

その案件では、契約条件を15年後に見直すとなっていました。利回りは6%です。すべて手持ちの現金で賄えれば、約17年で投資資金を回収することになり、それ以降はすべて利益になります。そうすると一度は契約の更新を行わないと勝てないことになります。この投資を借入金で行おうとすると、借入金の利息がありますから、最低でも30年間は続けないとほとんど儲からないはずです。

一度お金を入れてしまえば、本当に手間がかからないということで、まさに富裕層の投資です。こういった特別な投資商品でも、ネットで検索すれば取り扱っている会社にたどり着くことはできます。リアルターに聞いてみたところ、「ああ、そういうのもあるね」という反応でした。

どこまでも国土が続くアメリカでは投資のスケールも大きいです。太陽光ビジネスであれば、敷地の横を車で通り過ぎると、何十分走っても太陽光パネルが立ち並んでいます。地平線の彼方までパネルが敷き詰められていて、日本とは比較にならないような光景です。風力発電のための風車が山一面に林立している地域もあります。国土が広大で、田舎に行けば安い土地がいくらでも手に入るアメリカは、投資先としてまだまだ可能性を秘めていると思います。

interview
現地のプロに聞いてみた!

ファイナンシャル・アドバイザー
池田典子さん
Noriko Ikeda

——自己紹介をお願いします。

皆さまこんにちは。FA(Financial Advisor)の池田典子と申します。私が在籍するレイモンド・ジェームズ ファイナンシャルサービスは、大手投資会社として約53兆円の預かり金を運用しています。

私自身は国際結婚を機に30年あまりアメリカで暮らしています。日系商社などに勤務しましたが、思い描いていた仕事とは違っていて、しっくり来ない日々に悩んでいたことを思い出します。

その後、尊敬する人がＦＡだったこともあり、その影響で自分もＦＡを目指すことになりました。まずは金融を学ぶために銀行へ就職して預金と融資からスタートしましたが、頻繁にある業務トレーニングはすべて英語で、読まなければいけない本も盛りだくさんで、最初はとても苦労しました。ですが、しだいに金融の仕事が面白くなっていき、ＦＡになりたいという思いも確信に変わっていきました。２００７年にはＦＡに必要な証券ライセンスを取得、バンカーの経験を十分に積んでから、２０１３年よりいまに至ります。

――FAという職業は日本ではあまりなじみがありません。

FAは株や債券、生命保険の運用をお客さまのライフステージに合わせて最適にアレンジする仕事です。FAになるためには、証券ライセンスの試験にパスして免許を取得しなければなりません。大切な資産を運用するわけですから、金融業界での十分な経験も必要です。学歴の規定はありませんので、高卒でこの世界に入り、第一線で引く手あまたの人もいます。

実話をもとにした映画『The Pursuit of Happyness』（邦題：幸せのちから）はウィル・スミス演じるホームレスが投資ブローカーとして大成功していきますが、そのストーリーのとおりまさに実力次第の世界です。この仕事をしている人たちはプライベートとの境界があまりなくて、土日が休みとは限りません。フレキシブルに対応することがとても重要で、ゴルフをしたり、家族の一員のように過ごしながらお客さまの理解に努めて、最上のアドバイスを差し上げることを身上としているFAもいます。スカイプやメール、電話さえあればどこでも仕事が可能で、まるでノマドワーカーのようですが、結果がすべての厳しい世界であることは間違いありません。

アメリカのお金持ちは弁護士と会計士、そしてFAの三者としっかりつき合いながら、一族や会社のことを決めていきます。たとえばクライアントが余命宣告された場合、家族の次に連絡がいくのは彼ら3人というくらいに深く人生にかかわる職業です。

月々の顧問料については、個々の契約次第でなんとも申し上げられません。お客さまとのご縁はご紹介がほとんどです。定年はなく、90歳でも現役で活躍している人もいます。一流のFAにとってなくてはならないのは、年齢ではなく〝信頼される力〟です。個人的には日本にもあったほうがよい職業と思います。

――顧客の利益や権利はどのように担保されますか？

FAライセンス発行元となるFINRAが、自主規制機関として運用方法や顧客の利益の保全状況を厳しくチェックしています。不必要な売買で手数料稼ぎをすると訴えられます。また、そうならないようにトレードはすべて監視されています。コミッション稼ぎのにおいがするだけでも大騒ぎになるほどです。最悪のケースでは免許を剥奪されることもあり、FAを含む投資会社や銀行が厳しく管理されています。

アメリカは顧客を守る姿勢が強く、「いくら儲かりますよ」といった類の説明は一切ダメで、営業のためのレターも事前に会社から承認を得なければなりません。会社は利益追求よりもお客さま優先で、FAが粗相をした場合は自費でお返ししなければならず、その仕組みを説明すると日本の方にはいつも驚かれます。

顧客を守る姿勢が徹底されていて、その点は私も好きです。免許の更新は2年ごとです。そのための研修もあり、更新の際には最新の知識が求められます。

――どのような人にFAは必要ですか?

富裕層にはなくてはならない存在ですが、それ以外にも老後の生活を設計したい、学資保険や相続について相談したいなど、人生をプランニングするうえで心強い味方となります。日本にお住まいの方には、日本の国内法や為替に配慮したサービスもご用意できます。

私たちは、伸びていく国や分野、会社を莫大な情報のなかから精査することを最も得意としていて、ファンドや債券、生命保険の最適な組み合わせを低コストで提案することを使命としています。財産の保全や増加を目指してお役立ていただけたら嬉しいです。ただし、残念ながらFAのサービスは短期運用には不向きです。最低でも10年スパン以上をお考えいただけたらと思います。

――やはり、アメリカでもうまい話にはトゲがある、ということですか?

ローリスク・ローリターンの代表格はアメリカ国債で、いまのレートだと10年物国債の利回りが1・8%ほどです(取材時点)。ミドルリスクのリターンイメージは5~6%前後でしょうか。リスク度合いによって想定利益もさまざまですが、高配当をうたう投資にはとくに注意が必要かもしれません。少なくともそうした商品は私たちの会社では取り扱えませんが、世界にはハイリターンを狙う投資がたくさんあります。

監視する国はどこで、会社がつぶれたとき

にどのようなフォローの仕組みがあって、運用先の国の法律はどうなっているのか。そして、実際にそのお金がどう流れるのかといった事柄を裏づけていくと見えてくる真実もあります。ちなみにアメリカの生命保険は州に監視業務があって、生保会社がつぶれるとリザーブという補塡の仕組みがあり、「保険のための保険」がしっかり用意されています。資産運用先進国として環境は整備されています。

——節税についてはどのようなことが行われていますか？

アメリカではローンを組んで自宅を買うと、利息が経費として認められますので大きな節税効果が見込めます。そうやって政府が住宅市場を後押ししているわけです。

また、運用益に対して課税されない債券もあります。たとえばカリフォルニア州の州債が該当しますが、探せばまだいくつも見つかります。特徴としては還元レートが低いことが挙げられますが、高い税率の人には大きなメリットがあります。反対に低い税率の人には、こうした無税で低利回りの債券よりは、多少課税されても高い利回りが見込める投資先のほうにメリットがあるでしょう。401k（確定拠出型個人年金）やＩＲＡ（個人退職口座）を使って、計画的に税金を先送りする仕組みも充実しています。

——投資や蓄財のトレンドはどうなっていますか？

株式投資は銘柄選びが大変なので、ファンドに運用させるのが一般的です。この国の人たちは気軽に投資に参加する気質がありますが、高校でバーチャルで株式投資を教えたり、会社でも401kで運用することが当たり前だったりと、参加するための環境が整っていることも理由と思います。またクレジット会社の貯蓄口座に預けると年利1％の利子がもらえるという話も普通にあり、短期的な資金の置き場所として利用者もいるようです。

お金を積極的に投じるのは社会がインフレだからという面もあります。インフレについては、給与の上昇率が2016年5月の時点で対前年度比プラス4・6％ですし、1960年から今日までの平均上昇率は年6・31％もあります。街を見渡せば家の価格上昇は顕著で、牛肉の上がり方などは数年で2倍ほど、ランチも5〜6年前は10ドルを超えた記憶がなかったのですが、いまではウソのようです。

サブプライムショックによるリセッション後しばらくは世間の投資意欲が減退していましたが、リカバーしたいまでは積極的な経済行動が見られるようになっています。

――FAのお仕事をされていて、「ここは日本人が損をしているな」と思うことはありますか？

誤解をおそれずに申し上げますと、日本から世界へのアクセスでしょうか。世界がいまどうなって、どう動こうとしているのか。世界の出来事を知るには、直接その国の情報に触れて、鮮度の高い一次情報を得ることをおすすめします。言葉の壁に悩んできた者として、そうした行動にともなう苦労を十分に察しますが、圧倒的なスピードと精度をもって確実に情報が取れること請け合いです。これまで以上に、世界情勢への理解を助け、投資に役立つものと思います。

――印象深い出来事などはありましたか?

天国からお金が降ってきた、ということがありました。クライアントだった、あるアメリカ人のお婆さんは、だいぶ以前にご主人に先立たれ、慎ましく生きてきましたが、予期せぬ支出が続き、お会いしたときには家を手放す直前まで追い込まれていました。彼女は、「空からお金が降ってこないとダメです……」と力なくいうしかありませんでした。

ですが、その後1週間で状況が一変します。生前にご主人が購入していた株があって、お婆さんが窮地に陥ったちょうどそのタイミングで公開買付けとなり、当時の株価32ドルの倍値でオファーの手紙が届いたのです。彼女は株の存在すら知らなかったのですが、この取引により長者となりました。もちろんご主人との思い出の家も売らずに済みました。きっと天国のご主人が助けてくれたのだと、お婆さんにとっても私にとっても本当に嬉しい出来事でした。

――日本の投資家にメッセージをお願いします。

投資家を取り巻く環境は、アメリカでも必

ずしも完璧ではありません。時として悪意を持って搾取しようとしたり、そうした状況に気がつけない勉強不足な状態にあったり、また理解が足りずに満足のいく経済行動が取れていない人も残念ながら見てきました。人のいうことを鵜呑みにせず、自分の目で調べて、きちんと把握して、最悪のことまで想定してから投資してほしいと思います。自分のお金はほかの誰のものでもありません。皆さまには矜持を持ってより豊かな人生を進んでいただきたいと願います。

あとがき

皆さんは不動産で得た利益を、どんな夢の実現に役立てたいでしょうか？

僕は、暮らすように世界を旅して回りたいという願望があります。その夢の実現は当分先になりそうですが、最近のお気に入りはアリゾナ州にあるセドナという街です。パワースポットとして世界的に知られていて、赤い岩肌の山々の眺め、そこから眼下に見渡すどこまでも続く深い森、抜けるような青い空、透き通った空気、すべてが素晴らしくて、すっかり虜になってしまいました。カリフォルニアの自宅からは車で9時間もかかりますが、しばらくは通うことになりそうです。

不動産投資は世界中どこにいても、ネットと電話があれば運営することができます。僕はそのことを頭ではわかっているつもりでしたが、実際に経験して、確信に変わりました。最初は日本に住みながらアメリカの物件を1年半近く遠隔で操作して、いまではアメリカに住みながら日本の物件を電話とネットで滞りなく運営することができています。その場にい続けなくても、どこにいても運営できることは、不動産投資の優れた特徴の一つであり、**それは人の生き方を左右するほどのインパクトがあります。どこに住むことも自由、時間を使うことも自由、現代の魔法と呼んでも大げさではありません。**

僕がまだ不動産投資を始めて間もないころ、犬飼ターボさんの『チャンス』を読んで、富に限りはなく、分け与えることで心が豊かになるという生き方にとても感銘を受けました。ここで説くところの〝富〟は、魚を与えることではなくて、魚をとる方法を教えることですが、これまでの僕自身の不動産投資術の執筆活動も、そこに重ね合わせてきたつもりです。おかげさまで本は累計10万部を超える反響をいただき、多くの大家さんの誕生を誘い、そして全国から寄せられる感謝の声に勇気づけられてきました。

この話には続きがあります。犬飼ターボさんの別の本では、「将来のありたい姿を具体的にせよ」とあり、当時の僕は、遠い外国に暮らし、愛犬を連れて海岸を散歩し、笑顔が絶えない生活を送る姿を紙に書き出しました。**あれから10年、いまでは外国に住み、犬の代わりに猫を飼い、海岸の散歩よりも山歩きばかりですが、笑顔はずいぶんと増えた気がします。**この文章を書き進めていくうちに、ふとそんな記憶がよみがえってきましたが、これも賢人の教えと不動産投資がもたらしてくれたものであり、この素晴らしい術を1人でも多くの方にお伝えしていくことが僕の使命と信じています。

よく質問されることの一つに、不動産投資を始める時期について、があります。これは断言できますが、開始時期や投資スタイルに完璧はありません。いかに投資環境に合わせてパフォーマンスを上げられるか、そしてその追求の手をゆるめないことが不動産投資でうまくやるコツと考えています。さらには変化に対応し続けること。これができなければ砂上の楼閣と変わりなく、せっかく築いた資産が跡形もなく消えてしまうことだってあるでしょう。僕自身への戒めとしてもここに記させていただきます。

そして、始めるかどうかを悩んで一歩が踏み出せない人は、経験者に話を聞いてみることをおすすめしたいです。不動産投資14年目を迎える僕の感想は、**「本当に、やってよかった」**です。アメリカへの投資歴はまだ5年目ですが、手に入れた物件たちは、いずれも順調にお金を稼ぎ出してくれています。そしてそのすべてが購入した金額から価値を上げてくれていることも大きな安心感をもたらしてくれています。将来に向けて、何倍の値段がつくのか、はたまた暴落するのか、なんて誰にもわかりませんが、国を変えてインフレーションの仕組みに乗るアイデアはいまのところ思惑どおりです。

今回の本では、アメリカ不動産で構築する〝頼れる資産〟について著しました。円とドルは相対通貨ですから、資産防衛を目的としたい人にはもちろんのこと、異郷に飛び込みゼロから資産を築いていく過程は、新天地を求める方々のお役に立てるところがあると確信しています。この出会いが、皆さんにとってのブルーオーシャンたらんことを信じて……。

2017年1月

〝恵比寿のI〟こと石原博光

著者紹介

石原 博光（いしはら・ひろみつ）

1971年東京生まれ。高校卒業後、まったく英語がしゃべれない状態で"単身渡米＝初海外"のチャレンジングな留学を果たす。大学卒業後、商社勤務を経て1997年に貿易会社を創業。六畳ひと間で起こした会社はすぐに年商1億円に達するが、そこを頂点に年々売上は減少し、たくさんの挫折を味わう。借金を抱え不安な日々を過ごすなかで、1冊の本に出会い不動産投資の可能性に開眼する。
自宅を担保にして借金で始めたアパート経営は、4年間で年商5,000万円の規模に達し、粗利60%をたたき出す。その投資手法を著した『まずはアパート一棟、買いなさい！』は17刷を超えるロングセラーとなり注目される。
2012年からは家賃収入と一部売却で得た資金で、アメリカでも不動産投資をスタート。2014年に米国永住権を取得後、活動拠点をカリフォルニアに移す。現在、日本に3棟43世帯、アメリカに商業物件と5つの戸建てを保有する。本業と貸家業のほかに、執筆や投資家の育成にも携わる。通り名は"恵比寿のI"。

著書

『不況に強い「不動産経営」50の戦略』『資金300万円でも、アパート一棟、買えました！』
『[新版]まずはアパート一棟、買いなさい！』（SBクリエイティブ）
『底辺から年収1,000万超の不動産投資術』（技術評論社）

ウェブサイト

『石原博光オフィシャルサイト』
http://ebisunoi.com
『楽待「石原博光のお悩み相談室」』
http://www.rakumachi.jp/navi/seminar/ishihara/

頼《たよ》れる！海外資産《かいがいしさん》
アメリカ戸建《こだ》て投資《とうし》のはじめ方《かた》

2017年2月15日　初版　第1刷発行

著　者　石原《いしはら》 博光《ひろみつ》
発行者　片岡 巖
発行所　株式会社技術評論社
東京都新宿区市谷左内町21-13
電話　03-3513-6150　販売促進部
03-3513-6166　書籍編集部
印刷／製本　港北出版印刷株式会社

定価はカバーに表示してあります。

ISBN978-4-7741-8619-1 C0034
Printed in Japan

執筆協力
布施ゆき

カバーデザイン／レイアウト
矢野のり子＋島津デザイン事務所

カバー／本文イラスト
中山成子

最終的な投資の意思決定は、ご自身の判断でなさるようお願いいたします。本書の情報に基づいて被ったいかなる損害についても、著者および技術評論社は一切の責任を負いません。あらかじめご了承ください。
本書の内容に関するご質問は封書もしくはFAXでお願いいたします。弊社のウェブサイト上にも質問用のフォームを用意しております。

〒162-0846
東京都新宿区市谷左内町21-13
（株）技術評論社　書籍編集部
『頼れる！海外資産』質問係
FAX　03-3513-6183
Web　http://gihyo.jp/book/2017/978-4-7741-8619-1